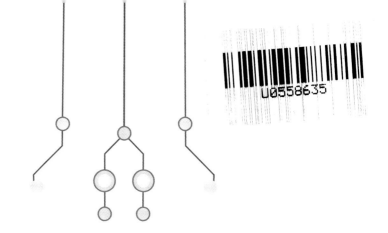

重塑价值

中国企业转型路径

陈雪频 ◎ 著

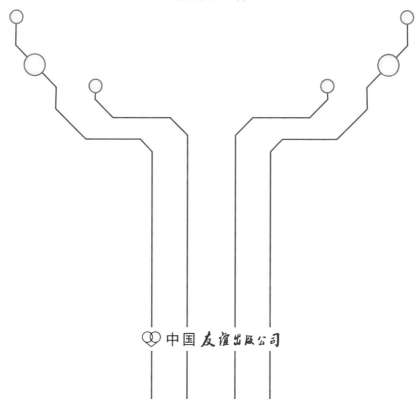

中国 友谊出版公司

图书在版编目（CIP）数据

重塑价值：中国企业转型路径 / 陈雪频著. -- 北京：中国友谊出版公司，2017.11
ISBN 978-7-5057-3970-3

Ⅰ．①重… Ⅱ．①陈… Ⅲ．①企业升级—研究—中国
Ⅳ．①F279.2

中国版本图书馆CIP数据核字(2017)第264338号

书名	重塑价值：中国企业转型路径
作者	陈雪频
出版	中国友谊出版公司
策划	杭州蓝狮子文化创意股份有限公司
发行	杭州飞阅图书有限公司
经销	新华书店
制版	杭州真凯文化艺术有限公司
印刷	杭州钱江彩色印刷有限公司
规格	710×1000毫米 16开
	17印张 250千字
版次	2017年11月第1版
印次	2017年11月第1次印刷
书号	ISBN 978-7-5057-3970-3
定价	49.00元
地址	北京市朝阳区西坝河南里17号楼
邮编	100028
电话	（010）64668676

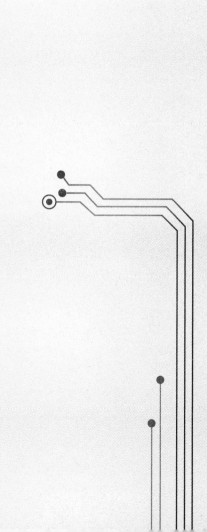

推
荐
语

┃┃ 企业转型升级，在中国已是显学，但这个命题从第一次被提出到现在，已过去 20 年，仍然没有人提出过一套完整的方法论，无疑是一种缺憾。转型本身，是一个系统工程，涉及战略、领导力、产品、营销、组织结构、盈利模式和资本运作多方面的变革与再造，它如此复杂，以至于每一次的转型升级中，活下来的企业，往往不到一成。企业，归根到底是一场幸存者的游戏，希望这本针对转型而著的《重塑价值：中国企业转型路径》，能对你有所助益。

——吴晓波　著名财经作家

企业转型是很多企业在今天所要面对的选择，但是更要面对的是企业转型带来的巨大挑战。我们都很清楚，这是一个系统工程，非常复杂多变，需要从战略转型、商业模式创新、重新定义管理、组织转型与文化更新等多个领域展开，最重要的是，还需要在市场中得以检验，并平衡好转型与当期发展的关系。

本书正是从这样一个视角为读者展开梳理和帮助的，阅读本书，你可以了解到企业转型所遭遇的挑战及解决方案，鲜活的案例以及解决方案。尤其赞同的是，本书强调企业转型的驱动力在于价值创新，这也是我一直坚持的观点，企业转型都是要基于价值创新的，唯有此才是真正的转型。

——陈春花　北京大学国家发展研究院教授

雪频是我在第一财经工作时的同事，他在做媒体之前曾在跨国公司工作，在读 MBA 期间转做媒体，后来又转向咨询和投资，在每个领域都精进不已，实现了多次成功的职业转型。

但是在专业方面，雪频却保持了连续性，那就是从不同角度去研究和实践企业管理。企业转型也大体如此，你可以换行业，但一定要保持能力的延续性，不断扩展自己能力的边界，而且找到不同行业之间的连接。

他以研究为根本，以大量实践经验为基础，写成了《重塑价值：中国企业转型路径》。我很受启发，特推荐给企业家和企业管理者们。

——秦朔　秦朔朋友圈创始人

小村资本的一个重要使命是连接传统企业和创业企业，也因此和许多传统企业的企业家打过交道，深知他们在转型过程中遇到的挑战有多么大。转型是一件很不容易的事，至少就有三座大山要翻，分别是方向、效率和打法，这对任何一个企业都是一个无法确定能否蹚过的无人区。

我看了陈雪频的这本《重塑价值：中国企业转型路径》，作者有深厚的战略、组织和领导力的理论基础，也有为转型企业做咨询、教练和创投的一线体验，融汇产业创新与资本渗透的时代背景，在一个复杂的转型系统中抽丝剥茧，为企业转型描述一个清晰的路径，而且有大量的案例和具体做法。

我推荐给我的企业家朋友们，我相信，不管你是什么行业背景，都能从这本书中得到启示，更好地帮助你的企业转型升级。

——冯华伟　小村资本创始人、董事长

这是一个快速变化的时代，中国经济要升级，转型也是企业必须选择、没有退路的一次历险。转型是一家非常复杂而且充满不确定的事情，重塑商业模式、重新定义产品、重新定位企业家角色，这是名创优品过去四年在实战中总结出的经验。陈雪频作为名创优品的战略顾问，为我们的成长发展贡献了很多智慧和力量，也把我们这几年的实践作为案例写进去了。作为企业转型的亲历者，我向所有处在十字路口的企业家朋友们极力推介这本书。

——叶国富　名创优品全球联合创始人

唯一不变的，是变化；对于企业经营者来说，要清楚今天你有什么，未来是什么，然后取其交集；当然，光吃老本是无法通向未来的，不同的发展阶段需要不同的"增长引擎"：新市场、新产品、新的组织形态，甚至是全新的思维模式。陈雪频先生对于转型的系统研究，对于正在寻找新增长引擎的企业家来说，是很好的参考。

——刘德　小米联合创始人、副总裁、小米生态链负责人

互联网技术、生命科学和新能源把中国带入了一个急剧变化的时代。几乎所有的行业和企业都处在转型升级的变动之中。在此背景之下，《重塑价值：中国企业转型路径》应运而生了。这本书对中国企业为什么要转型、怎么转型进行了详尽的分析，提出了系统的方案。这对国内企业的转型与发展，具有重要的参考价值。

——陈秋途　中国华信能源有限公司总裁

企业转型是当下中国和世界各行各业中最重要的一个话题，因为经营企业的环境和根基都在发生重大的变化。转型，就是适应越来越快的变化。在一个多变的世界里，任何认真创造价值的企业，都必须经常认真考虑转型这个问题。这本书值得转型中的企业认真阅读。

——周建工　第一财经传媒有限公司 CEO

这几年企业转型是一门显学，企业家们在面临转型这个话题时也是焦虑不安，可谓"不转型等死，转型找死"。大多数企业的转型更像是"转行"，什么行业热门就做什么，缺乏大的视野和格局，也缺乏相应的组织能力。转型其实是二次创业，其难度比创业还大。陈雪频这些年一直在研究企业转型，也给一些企业提供转型咨询和教练服务，他把自己的思考写成了《重塑价值：中国企业转型路径》这本书，从系统论的角度剖析了企业在转型过程中遇到的方方面面的问题，还有大量的案例分析，也颇具实操性。推荐面临转型压力的企业家看看这本有理论高度又接地气的好书。

——罗振宇　罗辑思维 & 得到 App 创始人

企业转型和创新是这几年的热门话题，这是大势所趋。中国经济经历了过去三十多年迅速发展，最近几年增速减缓，需要完成从增长速度到增长质量的转变，微观层面就必然要求企业转型和创新，这是中国企业必须要面临的一次大考，而且大多数会被淘汰出局。陈雪频的《重塑价值：中国企业转型路径》用系统化的视角，为我们勾勒了一幅企业转型的全景图，而且有大量鲜活的案例，让这些方法显得尤为真实可信。作者本人也是一个跨行业的商业研究者和实践者，这让这本书显得思路开阔，而且具有了实操指导意义，是一本值得企业家们阅读的书。

——谢祖墀　高风咨询公司董事长

企业转型在不同时期、不同阶段有不同的背景、逻辑与方法论。本书基于信息时代与工业 4.0 的大背景，在企业转型学的整体理论架构上无疑是独创和成功的。作者长期服务各种层次、多样领域的企业转型，既有实践总结与大量案例梳理，又兼具对未来转型逻辑、方向、路径的洞察，对该领域的研究和实操都具有指导意义。

——张晓峰　互联网 + 百人会发起人

在不确定性的时代，企业必须因时而变，持续不断地转型，这既是企业成长的机会，也是一场长途跋涉的冒险。陈雪频倾注十年之功深入研究中国企业转型之路，该书既有企业转型案例的深刻总结与分析，更提炼了企业转型一般的方法论和路径。长途冒险需要走在正确的路上，幸运的是本书关于转型的经验、方法以及工具，或可帮你避免陷入泥潭。

——于保平　复旦大学管理学院案例研究中心主任

时代的节奏频率从未如此之快，技术曲线的更迭从未如此之勤，新的商业物种出现的频率从未如此之高，资本对于各个新兴领域的渗透从未如此之深；种种的变化，让曾经独占鳌头的很多企业感到深深的惶恐和迷茫，越来越多的企业家提到转型，在新的技术时代，新的资本时代，这个转型的最佳路径是什么，最佳方法是什么，却似乎一直没有人给予清晰的指引。陈雪频老师多年探索于企业最前沿，更为可贵的是，能够沉下心来深度思考，集数年之功，著成《重塑价值：中国企业转型路径》一书，从战略，到运营，到领导力和资本路径，形成完整的方法论，我推荐所有的企业家都应该认真读一读。

——王玥　创业邦合伙人

作为投资人，我们必须既要选择合适的赛道，又要选择合适的选手。前者和趋势相关，后者和人相关。趋势错了，则南辕北辙；所托非人，投资会血本无归。最理想的是在对的趋势上选择最有可能赢的人。

企业转型也是如此，当市场环境变化之后，企业必须做出相应的调整，是谓适者生存。此时，取势是第一位的，然后选择合适的战略战术。看陈雪频的《重塑价值：中国企业转型路径》这本书，既有对产业趋势的阐释，又有对领导力、战略、产品、运营、营销和资本的分析，理论功底扎实，实操案例丰富，娓娓道来，如沐春风。

——魏锋　可可资本创始合伙人

一个中国经济主导世界经济的时代正在到来。一个中国出现德鲁克式的管理思想者并影响世界的时代正在到来。中国人读活着的中国人写的书的时代正在到来。在这个时代，越来越多像陈雪频这样的中国人，认真研究中国企业，认真写书。转型是个值得研究的学问，推荐大家认真读这本书，认真思考书中的问题。

——风里　领导力教练、领导力语法提出者

我在华为任职的 10 多年时间里，经常在华为深圳基地与中国民营企业家交流，他们访问华为有一个共性诉求：期待华为的管理变革"药方"，快速治愈自身企业转型之痛。但往往忽略一点：今日的华为，无论在体量、体质、企业文化都与自身差异很大，而转型是一个天地人和、道术兼顾的持久战，学我者生，似我者亡，还是得因地制宜。

雪频兄这本新书，详尽描述了中国企业转型的路径，对于正在转型或准备转型的企业家不啻于一场及时雨，推荐之。

——邓斌　书享界创始人，原华为咨询总监

陈雪频和我都曾供职于媒体，采访了许多企业家，这种经历让他看待企业有一种旁观者的视角。他也受过专业的管理学训练，拥有扎实的理论功底，对各种管理理论信手拈来。他还曾在跨国企业工作，现在则在做咨询和投资，也拥有一线的实操经验。这些经历汇总在一起，让他花了几年时间写成的《重塑价值：中国企业转型路径》这本书与众不同，既有理论高度，又有实操方法，还有对企业的观察和思考。这本书值得一读。

——余胜海　华商传媒总经理、总编辑

两大理由促使我特别推荐：其一，经历过近年互联网和传统产业的深度碰撞，经历过全球范围产能过剩导致的发展瓶颈，《重塑价值：中国企业转型路径》正是在大量中国企业面临转型抉择的关口，适时推出、恰逢其时，并且将国际通行的转型理论与中国企业的商业环境深度融合，极具建设性；其二，本书共 9 章，4 章谈"转型"、4 章谈"价值"，可见"价值"在作者心目中的分量之重。"做正确的事"永远比"正确地做事"重要，作者正确地将价值重构、价值创造设为了转型的最核心目标。

——林永青　价值中国智库创办人

企业转型一直是一个热门话题，但具体怎么转，很少有系统性的说法，《重塑价值：中国企业转型路径》便是一份可贵的努力。本书不是指导企业如何快速转型的"成功学"，也不是学院派的转型理论书，而是一本认真梳理企业转型面对的诸多问题并给出解决方案的实践书。虽说企业转型"九死一生"，但创新精神将照耀每一个前行的企业披荆斩棘，最终汇聚到推动社会进步的洪流之中！

——俞雷　金立集团副总裁

《重塑价值：中国企业转型路径》书评：转型是一项系统工程，决定这项工程成败的要素很多，领军者的决心和思维方式、产品创新能力、组织流程的灵活性……诸多要素之中，尤以领军人物的思维方式最难改变，诚如书中所言，以前的成功经验反而会成为绊脚石，思维的惯性阻止了转型的发生。陈雪频老师的新书有助于企业家打破思维惯性、拓展认知边界。

——洪华　谷仓学院和谷仓孵化器联合创始人

面对越来越复杂多变的商业环境，中国企业的转型之旅已经开始。我和很多企业家谈到转型时，大家都说找不到有效转型的方法。雪频兄在中国企业转型领域研究多年，这本书一定能解答企业家们关于转型的各种困惑。

——王明伟　勃朗峰咨询创始人

各种前沿黑科技纷至沓来，客户和消费者的需求不断迭代更新，传统企业面临被淘汰的风险……眼下，商业世界正变得越来越复杂而充满挑战，同时也变得越来越多元而极具活力，被动等待不可能有机会，主动布局才是出路，转型势在必行，而且迫在眉睫。

陈雪频的新书《重塑价值：中国企业转型路径》一书，围绕"我们要什么?（要转型!）""我们什么时候转?（现在!）""我们怎么转?（答案书中找!）"展开了深具洞察力的剖析和解读，给人启发。"转型即转心"，重要的是"迈开腿（行动起来），管住嘴（少喊口号）"。

——龚武　艾兰得营养品有限公司中国区品牌事业部总经理

推荐序

读《重塑价值：中国企业转型路径》有感

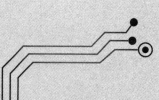

刘纪恒

现任中国中小企业协会专职副会长

和君集团发展与创新委员会主任

福建安溪铁观音集团董事长

中车股权投资基金副董事长

┃┃ 十分感谢马玥女士让我有幸提前拜读了《重塑价值：中国企业转型路径》一书，该书从转型的逻辑和价值创造的本质，系统阐述了在当下大变革时代企业的发展和生存之道。鄙人非常认可书中的许多观点和解决问题的方法论，希望正在思考或正在转型的企业和企业家一读，定会对您有所裨益。

作为长期在中国咨询行业的工作者，跟随中国经济改革开放的步伐，历经近百个实战案例，从央企到民企，从咨询到并购，从企业参谋到企业的管理者，无数成功企业的事实告诉我们：创新是企业持续健康发展的永恒主题。

通读《重塑价值：中国企业转型路径》有三感：

一是"变者，天道也"。中国的古人早已深刻地认识到"变"是永恒的生存之道和发展之道。中国企业随着世界经济的第三次梯度转移的不断深入和中国转轨经济的不断深化，世界重构政治经济发展的新格局已成为必然。尤其是中国企业成长与发展的"载体"与英国和美国经济崛起时有了本质性差异，那就是："十九世纪蒸气动力、印刷和电报被发明，随着全国铁路系统中的机车被联网到无缝通用技术平台，又依靠储量丰富的煤炭资源，第一次工业革命得以发生，英国至此一跃成为世界霸主。二十世纪集中供电、电话、广播、电视、廉价石油、国家道路系统中的内燃机车相互融合，这些共同完成了第二次工业革命的基础设施建设，推进了美国的世界领导地位。二十一世纪，随着物联网基础设施和相应的协同共享机制的构建，中国向零边际成本社会的迈进，将确保其在第三次工业革命时代中的领袖地位，并且为一个更公平、更可持续、更繁荣的后碳生态文明铺平道路。"——（摘自杰里米·理夫金）面对"载体"的巨变，倒逼中国企业必须向过去的成长方式告别，否则只有死路一条。

二是"惟进取也故日新"。创新是时代赋于我们这一代企业家的使命，也是这一代企业家的宿命。随着中国经济发展步入新常态，工业时代主导的厂商模式正在瓦解，商业模式将大幅进化。"产品—产业链—产业生态"、"共享经济"、"交易市场＋供应链"等新模式正在改变未来，进化出新的商业种群。"战略思想＋大数据"将攻无不克，所有的生意将由数据驱动。数据不简单在于拥有，更重要在于被具有产业思维的战略思想所运营，这将主导未来所有产业的变革。从这个角度看，很多传统产业具备更大的进化潜力，商机无限！

三是古人云"终日乾乾，与日协行"。企业与企业家面对创新转型发展找对方向不难，更重要是找对方法论。为此，"转变理念、坚持学习、谨慎从事、自强不息"才是这一代企业家所必备的素质和修养。未来企业竞争的核心和焦点是"剩余价值的再分配"的问题，企业如何解决好这一问题，重要的是在于能否树立一致的正确的价值观，解决好企业的短期利益和长期利益的分配问题，这一道历史命题是对我们这一代企业家的格局、气度、胸怀和智慧的考验。

最后，感谢本书的作者为企业和企业家写出的第一本有关中国企业转型的书，让我本人受益匪浅。

目 录
Contents

01 什么是转型？

02 不转型，就灭亡

03 转型之上：重塑战略

04 转型之本：领导力变革

05 创造价值：产品服务

06 价值传递：营销渠道

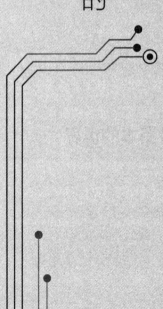

前言

转型是一次持续的
历险，成功者
不会超过 10%

中国经济高速发展，产业结构转型升级，倒逼企业转型。然而转型并不容易，对于大多数企业来说都是惊险的一跃，"不转型等死，转型是找死"。

为了缓解并治疗企业家们的焦虑，企业转型也成为一个热门话题，很多人都在研究转型，撰写转型的书籍，开办转型的课程。

但我对大多数企业转型的前景是悲观的：未来能成功转型的企业不会超过 10%，绝大多数企业都会消失。

这样说不是危言耸听。转型并不是最近才出来的新话题，从 1998 年开始，国务院就发文提出中国企业要转型升级。

以竞争最为惨烈的手机行业为例，2005 年中国的手机品牌企业数以百计，到了 2016 年还在做手机而且做得还不错的，仅华为和金立手机两家。

这是一个非常残酷的事实。

为什么企业转型那么难呢？从企业外部环境来看，主要是因为技术革新太快，能够紧跟技术潮流的企业屈指可数，能在市场竞争中立于不败之地的企业更是凤毛麟角，往往是"城头变幻大王旗，各领风骚三五年"。从企业内部来看，就是大多数企业的战略适应性不够，当外部竞争环境变化之后，组织能力和企业文化还停留在以前的阶段，无法做出有效调整。

这种情况并非中国企业所独有，国外成功转型的企业也很少。自从 1602 年在荷兰阿姆斯特丹诞生全球第一家股份制公司——荷兰东印度公司以来，那些能够幸存的企业就在不断地经历转型，当然绝大多数企业最后都被淘汰消失了。

荷兰东印度公司于 1799 年解散，英国的东印度公司曾经统治了印度 100 多年，并拥有自己的军队，但也于 1859 年解散。我们现在耳熟能详的那些跨国企业，也都是在不断转型中间得到发展和幸存的，比较典型的是 IBM 和通用电气，他们号称拥有 100 多年历史，但他们现在做的事情和 100 年前已经完全不同了。

为什么会这样呢？从生物进化的角度来看，每一次气候变化之后，都会有一大批物种消失，能够顺应环境变化做出改变的企业永远是少数。企业作为一种社会物种也是如此，当外部环境变化以后，企业必须做出相应的变化，才能生存下来。

达尔文在《物种起源》中说，那些能幸存的物种不是最强大和最聪明的物种，而是最能适应外部变化的物种。同样，那些未来能够生存的企业并非是最强大和最聪明的企业，而是最能适应外部环境变化的那些企业。企业必须随时应变，不断转型才能幸存。

技术革命则加速了变革和转型的速度，也导致企业的生命周期越来越短。10 年前，iPhone 还没有问世，并没有真正的智能手机，大家交流也没有微信，当时的手机行业和社交网络与现在的差异很大。

各种各样的技术创新导致市场格局的快速变化，企业的兴衰周期在快速变短。以前一个行业的变革周期是十年，现在则压缩到三到五年。以小米为例，这家创办才七年的公司，已经经历了三个阶段，前四年高速成长，中间两年增速放缓并开始探索生态链战略，2017 年又重新恢复高速增长态势。在这个变化过程中，手机行业也是不断洗牌，能够持续屹立不倒的企业寥寥无几。

企业转型难的另一个原因是它是一个系统工程，非常复杂多变。我对企业转型的理解是：企业在技术创新和市场环境变化的背景下面通过四大模式——包括商业模式、管理模式、资本模式和心智模式的转换，来不断实现价值创新以适应环境的变化，从而达到持续增长的目标。这个模型中间的核心点在于价值创新，后面几个模式的转变都是围绕创新来展开的。

转型的驱动力在于价值创新，无论是像海尔这样的相关多元化企业，还是像复星这样的非相关多元化企业，它们的转型都是要基于价值创新的。很多企业号称在转型，但其实是在追逐热门的行业，本身并没有价值创新，这样的转型无非是换一个行业，带有很强的投机色彩，很难获得持续的成功。

价值创新是一个企业得以幸存的根本驱动力，既包括技术、产品、服务层面的创新，也包括后面的商业模式、管理模式、资本模式的创新，而背后则是创始人和管理层在心智模式上的改变，它是一个系统工程。

首先是商业模式的转型。商业模式是描述企业如何创造、传递、支持、获取价值的基本原理，它有四个要素：

一是核心的产品和服务是什么；

二是如何把核心产品和服务交付给客户；

三个是内部运营行为如何支持这样的事；

四是如何获取相应的利润并实现资本化。

很多人对商业模式的理解是完全错误的，一提到商业模式就会提到像BAT、小米、乐视这样平台型企业，好像商业模式就是做平台，而且认为做平台很容易似的。平台企业的前提是要有一个非常有黏性的产品和服务，没有强有力的产品和服务的话，所谓的平台是无源之水，绝大多数企业没有能力做它。

其次是组织和管理模式的改变。组织在过去那么多年发生了很多变化，组织在变革，包括组织构架、人力资源体系、管理制度以及相应的制度、流程、方法的变革。没有组织变革的支持，企业的转型是没法落地的。

现在很多企业的转型之所以失败，根源在于它相应的组织变革非常困难。要制定转型战略相对容易，依靠 CEO 和几个顾问进行探讨规划，基本上就能够八九不离十了，但是要完成组织的转型，是需要集全公司之力来完成的。

要让一个非常庞大、有巨大惯性的组织内部完成变革是非常困难的，这种惯性是外面的人无法想象的。原有的人才、组织和企业文化都不支持新业务的发展，因此转型成功的概率并不高。

但如果通过体外的孵化或者并购，让新鲜的血液加入公司，同时保证新的孵化项目和原有的公司保持一定的防火墙，保持在组织结构、企业文化和激励制度方面有一定的区隔，这个时候成功的概率要高出很多。我认为，通过外部孵化和并购是传统企业转型的主要路径之一。

企业即人，转型最难的地方，还是企业领导者自身的转型。我和上百位企业家有过深入的交流，发现了一个有趣的悖论：那些让企业成功的要素，会成为公司继续成功的障碍。

一般来说，一个人的心智模式是由他过去的家庭、教育和经验决定的。通常来说一个人成功之后，他会在自己内心塑造一种心智的模式：我之所以成功，是因为我做了这样的事情。这种观念会固化成一种心智模式。当新情况发生之后，他会习惯性地用原来的心智模式思考问题，结果就会发现之前的成功经验失效了。

"成功者的诅咒"说的就是这个意思。因为一个人的成功会让他的心智模式变得固化，自以为是，缺乏反思，当环境发生变化之后，他如果沿用之前的心智模式思考问题，用以前的处事方式处理问题的话，很容易导致失败。

转型先转心。商业模式也好，经营模式也好，资本模式也好，要变革的根源在于心智模式的变革。企业家的领导力是转型的驱动力，但处理不得当的话，也可能成为企业转型的障碍。这也是企业转型最大的风险所在。虽然这本书是关于企业转型的，但我对企业转型的整体成功概率还是持悲观态度的：90% 的企业无法转型成功，可谓"一成九败"，绝大多数企业会随着时代的浪潮消失，但会不断涌现新的企业，正可谓"沉舟侧畔千帆过，病树前头万木春"。

对于绝大多数无法转型的企业家，他们也可以完成自己职业身份的转变，从企业家变成投资人，把自己的资金和资源投入到年轻人身上去，通过帮助他人成功来完成自己的成功。这是一个不得已的选择，也是一个相对明智的选择。

现在，开始你的转型之旅，祝你好运！

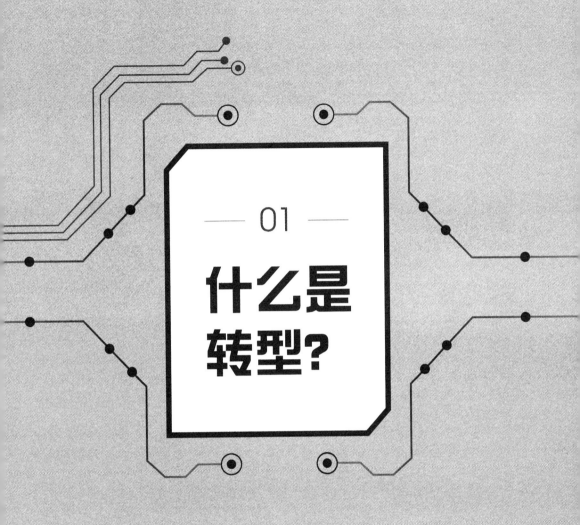

01

什么是
转型?

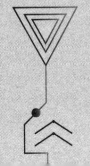

▍ 中国的企业队伍仍在悄无声息地扩张中。

2014 年，全国每天新登记企业为 10000 家；2015 年，每天新设企业 12000 家；2016 年，每天新设企业 15000 家；2017 年上半年，新登记企业总数为 291 万户，每天新设企业 16000 家……

与此同时，危机已然逼近。摆在企业面前的残酷现实是：不转型等死，转型不好找死。

近两年，关于转型的言论非常多。例如"互联网＋"、"大数据"、"人工智能"……此类新名词迅速席卷了商业思维。遗憾的是，在新概念门口焦虑徘徊的企业越来越多，而真正能够踏进新未来，成功转型的企业，又很少谈及他们的经验。

幸运的是，我有机会长期跟踪一些转型有道的企业，并且与他们进行较为充分的沟通。同时，我也曾为一些渴望转型的企业提供转型咨询服务。将转型理论付诸实践，一套系统的转型学得以成型。

若想运用好一门学问或者一种方法，首先就得理解其根本含义。转型是什么？这便是本书开篇必须认真解释的重要概念。通过对转型学的重新认识，能够打消不必要的担心和恐惧，并建立起系统的思考方式，为之后的转型实践奠定基础。

阅读前需要思考的问题：

1. 到底什么是企业转型？

2. 企业转型和经济发展的关系？

3. 为什么企业需要不断转型？

4. 企业转型包括哪些要素？

5. 企业转型的核心是什么？

6. 转型的基本路径是什么？

转型是一种常态

在过去40年，中国企业完成了西方企业100年的改变。转型不是新鲜词，过去40年，以及未来10年，企业转型都是一个持续热点的话题。正因为它是一种常态，以及受限于知识信息水平，过去有很多人不够重视企业转型。

实际上，改革开放40年时间，我们的企业经历以及正在经历的，已有四大转型。只是在此之前，企业几乎在无意识状态就完成了整个过程，很少有人去仔细梳理来龙去脉，去分析其中的经验技巧。

第一次转型 1978—1999年：从计划经济向商品经济转型

第二次转型 1999—2002年：社会主义市场经济的全面确立

第三次转型 2002—2012年：加入WTO带来的从内向型经济向外向型

经济转型；

第四次转型 2012年—未来：互联网对传统行业的冲击。

第一次转型，中国改革开放前20年，企业经历了从计划经济向市场经济转型。在这个时期内，中国出现了第一批企业家，我们称之为"84派"，典型代表是联想集团的创始人柳传志和万科集团的创始人王石。他们看到了巨大的市场需求，社会生产严重不足，供需关系紧张，所以这批企业家投身其中，去改善供求关系。

"84派"企业家中多数是不得已选择了创业，当时整个社会主流看不起个体户，认为创业就是"投机倒把"。所以，在这个时期，商人的社会地位不高，大家是靠对机会的把握和胆子大取胜的。

直到1992年，邓小平南巡之后，打开了封闭的中国经济。在这股思想解放浪潮中，大量政府官员、高校教师受到鼓舞，下海创办企业，标志着"92派"企业家群体的成形。比如，泰康人寿创始人陈东升，他在1993年就创办了中国第一家具有国际概念的中国嘉德国际拍卖有限公司；1994年创办国内著名物流公司宅急送；1996年创办泰康人寿保险公司。

再比如，复星集团创始人郭广昌，他是复旦大学哲学系的高才生，1992年邓小平南方讲话后，他与梁信军等人创立上海广信科技发展有限公司。1993年，郭率领团队转而主攻房地产销售和生物医药领域。

这一波企业家，大多出生于五六十年代，创办的企业技术比较好，更现代化，他们具有政府资源优势、信息知识的优势。他们进一步利用了中国的市场经济和改革开放。现在来看，很多民营企业都是那时候创立的，如今依然是主流活跃的企业。

第二次转型，1997年，朱镕基总理提出，70%的工业制成品产能过剩，要摆脱成本依赖，就得转型升级。我们今天听到的"转型升级"这四个字，第一次出现就是在1997年年底的朱镕基政府工作报告。从1997年到2014年的近20年时间里，中国经济在消费、出口和投资三驾马车的带领下，发生了翻天覆地的转变。

首先，在房地产和城市化建设的刺激下，中国经济由吃穿用的产业经济结构向重型化转型。这20年间，钢铁、水泥和能源价格经历了大规模的上涨，做煤矿、不动产的，在长江上下游开水电站的都收益颇丰，"钢铁大王"、"水泥大王"、"煤矿老板"成为有钱人的代名词。

其次，随着中国在2001年加入WTO，很多企业开始从内向型转向外向型。2008年金融危机后，很多外向型的企业，又回来开拓国内市场。尽管如此，中国外贸经济通过几年的迅速发展，完成了与国际接轨的任务，更多外资企业进入中国市场，也有很多中国企业走向海外，在竞争中互相博弈、互相学习。

1999年，互联网技术在中国崭露头角，第三次转型拉开了序幕。此时，中国经济的重型化转型开始进入后半段。阿里巴巴、百度、新浪、搜狐、京东……这些新生力量开始被人熟悉，它们的发展速度，超出了人们的想象。中国企业第一次有机会和全球企业同步，抓住了互联网趋势。

在互联网土壤中，中国第三代企业家诞生了，马云、李彦宏、曹国伟、张朝阳、丁磊……他们创造了中国互联网时代。这些企业家出生在1965年到

1975年之间，创立公司时的年纪在25岁到35岁之间，正是一个人创业的黄金年纪。

直到2012年，中国移动互联网元年到来，O2O成为最流行的概念。通过团购App、打车App、洗衣App、美容App等等各种生活类手机应用软件的普及，线上线下巧妙接轨，嵌入人们的日常生活，移动互联网从一个行业蔓延至整个社会，最终成为社会生存的基本设施，这对第四次企业转型产生了非常大的影响。

这一时期，人们习惯以"互联网企业"和"传统企业"来划分中国企业类型，两者之间是隔离的状态。不过，已有嗅觉灵敏的传统企业在朝着互联网迈进，比如苏宁。1990年年底，苏宁以空调专营店的形态在江苏省南京市宁海路成立。经过十多年的发展，苏宁于2004年7月在深圳证券交易所上市，得到了投资市场的认可，成为家电连锁零售业的排头兵。

苏宁的发展，并没有止步于每年几百家实体店的开发。从1999年开始，苏宁开始研究互联网，后来还承办过新浪网首个电器商城，尝试网络销售。2005年，苏宁组建B2C部门，并在当年推出苏宁网上商城一期，销售区域仅限南京。

如此，传统电器城苏宁再次从南京启程，踏上了互联网之路。正是抓住了互联网潮流，苏宁才在之后的十年时间里成了家喻户晓的品牌。在传统家电城、电脑城难以维系，纷纷关闭关店的时候，苏宁做到了线上线下双向并行发展，好好地活了下来。

第四次转型始于2012年，也就是我们现在和未来经历的"互联网＋"

时代转型。

2012年，经济开始下行，中国传统企业真正感受到移动互联网对它们的冲击。互联网发展前10年，以电脑为终端载体的时候，传统行业还能在线下活着，虽然没有以前那么好过，但也能满足温饱，不至于太差。然而，2012年到2015年，传统企业明显感觉到乏力，产品越来越不好卖了，营销办法失灵了，员工越来越不好管了，企业遇到的问题层出不穷。

实际上，转型没有具体的时间和界限，我们所划分的阶段，也只是代表的年份而已。在现实中，没有转型是一蹴而就的，当我们意识到的时候，它已经发生了，因为它一直在发生。在上述四大转型阶段中，每个阶段的时间都是无缝连接的，期间没有任何阶段是空白。而对于个体企业来说，转型阶段更是各不相同。

转型不是一个阶段性任务，而是长期的、持续的过程。企业要不断创新、不断改变，才能生存。以前企业家忙于开疆拓土，现在他们要注入新的基因，面对转型的常态。转型是一个企业时时刻刻面临的任务，这是对传统企业最具挑战的地方。

乐视和小米尝试了很多创新，以前的电视机要赚钱，但现在变成了一个成本中心，不再靠硬件赚钱，这种免费的模式，基于成本定价的模式，给传统企业的打击可能是摧毁式的。当别人的玩法给你带来打击之时，你的转型就是一个生死攸关的事情。如果在过去的发展中，没有时刻思考转型，那么企业很可能自食苦果。

当然，每个行业的变化速度不一样，比如一些基础行业、服务行业，这一块的变化可能没有那么剧烈，因为它们是基础需求，不管经济好坏，大家都需要。但在一些新型行业，尤其是互联网，技术更新换代很快速。

在中国过去20年，诞生过数以万计的互联网企业，但幸存下来的不到1000家，而且这1000家的变化是巨大的，早些年还是风光无限的企业，以前很小的企业，现在变得很大了，周期缩短，变化速度加快。

这期间，企业转型的压力无处不在。在新时期，转型绝不是只针对传统企业，对于新型企业来说，压力或许更大。比如团购方面的企业，四五年前还很热门，现在只留下几家；网络打车，在飞速厮杀之后，几乎仅剩一家；而今非常流行的直播平台，现在有几千家，未来留下的可能也不超过五家，也正在面临快速迭代。

任何一个企业，如果没有对环境变化的敏感度，都很难生存。前几十年，很多企业因为机遇得以快速发展。现在我们谈转型，是在新环境下，不管是新入者还是老一辈，都需要做好转型的心理准备的。转型不是稳定的，就是在持续变化中，在不确定中寻找确定。

最可怕的是，企业像温水煮青蛙，面对周围环境的变化无动于衷，不知道在历史中学习，也不放眼未来。人，往往不愿意割舍过去的成功与光荣，恋旧情结是人之常情，但商业不能恋旧。李嘉诚警告自己的儿子绝对不能喜欢上任何一个行业或业务，一旦全心喜欢，就会追求长远地稳定，这和变化的世界是相对的。商人逐利，没有一个行业让你永远都能盆满钵满，除了观察既有行业的变化，你还需要时刻搜索新鲜的机会。

有人说，"不转型等死，转型怕转死"，如果用尽了浑身力气转型还是死了，似乎比等死更悲哀。诺基亚的离场，难道只是因为它行动太晚吗？当然不是，转型过程中有太多的不确定因素，能够胜出的企业也是凤毛麟角。一次转型，就是一次涅槃重生，这是比创造一个新企业更有难度的事情。既然选择了转型，便只顾风雨兼程。

转型是一个系统工程

企业转型是为了更好地适应宏观经济环境、技术发展需求和市场变化而做出的主动调整。这个调整既包括产品、服务升级，也包括营销方式、运营体系、财务系统，以及背后技术的不断演进。

但我们发现，企业转型的时候，有很多误区，多数人的认识比较片面。最常见的是，一提到转型，很容易停留到技术层面、产品层面，或者营销层面、管理层面。在互联网颠覆性的影响下，有的实体经济以为互联网就是灵丹妙药，抓住就行。他们以为，只要一触网做电商，把互联网营销一做，企业就转型了。或许，这样直接的"疗法"能够带来短暂的刺激，但最终也无法支撑整个公司体系的再循环。

的确，每个人都能看到大象的某个方面，但是，对转型的整体性缺乏一个完整的认识。每个人都觉得自己只要抓到了一点好好做，就能转型。但实际上，企业转型涉及运营的各个方面。如果没有系统思维，只击一点，很难成功。

另外，跟风转型的现象普遍。过去十年，一些行业或资本在蓬勃发展，有企业家说，那我就去做热门的、新兴的行业。因此，一些原来做实体经济的，转而去做P2P金融、做投资，或者一些比较火的互联网项目。

新媒体营销很热，就必须有一个微信公众号，如果没有就过时了；

电子商务很火，如果没有电商部门，没有在京东淘宝开店，就过时了；

O2O很火，似乎没有一个终端App，没有线上线下的联动就过时了；

小米很火，互联网思维很新鲜，好像不学雷军的"七字诀"就不行了。

似乎只要去追新的项目、热点，企业就能转型。然而，这样的行为，是转行，不是转型。大家这种紧迫感，更多的来自于一种生怕错过什么的感觉，但缺乏对企业整个转型的系统化的思考，也缺乏对自己企业的战略产品组织能力更细致的梳理。

我遇到很多企业家，到处听各种各样的课程，然后一大堆术语、概念、案例。比如小米啊，甚至一些肉夹馍的案例，都会拿来学习分析。企业甚至会有错觉，是不是学了一个新的概念，听了一个互联网思维的课程，就能成功转型了？这样的思考，让大家很焦虑。

我们在转型研究中，归纳了六大常见误区：

1. 转型就是转行，就是放弃本业，投身热门行业；

2. 转型就是不再做实业，开始玩各种资本运作；

3. 转型就是积极拥抱互联网，就是互联网转型；

4. 转型要具备互联网思维，要"专注极致口碑快"；

5. 转型就是要做跨界整合，就是各种"互联网+"；

6. 转型有独门秘笈，"一招帮你搞定企业转型"。

实际上，转型不是一招一式完成的，它需要持续的时间。在企业转型上，第一要有系统思维；第二，要弄清转型背后的本质，抓住关键因素；第三，结合自己的行业企业的实际情况。这样才能成功，而不是人云亦云。要踏踏实实在原有产业基础上，去做创新，去做转型，这才是真正意义上的转型。

如今企业管理层，特别是创始人，应该把转型当作是一个全局系统来做。企业是一个创造、传递、支持和获取价值的系统，而企业转型必须在这四个要素中都要转型升级，才可能持续成功。其中，价值创造升级涉及产品和服务的创新，价值传递升级涉及营销和渠道的革命，价值支持升级涉及组织和人才的再造，价值获取升级涉及成本收益模式的改变。

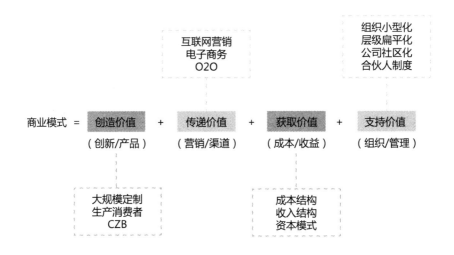

首先，企业核心价值在于创造客户价值，这是一个企业系统的原点。客户价值的立足点可能是某个产品，或某个服务。比如手机、餐馆，就是一种产品交易。理发、咨询培训，是通过服务的方式，解决别人的问题。企业的转型创新，大多是从客户价值出发的。如果没有考虑这一层关系，而只是去搞了一些花样或噱头，不会有任何价值。

第二，当创造了产品或服务之后，怎么去把产品服务让目标消费者知道，而且交付出去呢？这就涉及如何去锁定你的目标客户，如何让他们知道你，如何交付你的产品服务。产品的营销渠道构成了价值传递的过程。

第三，支持价值是指一个企业的组织管理流程。产品的创造是一个持续过程，怎么让企业支持这个持续过程，就需要大量的组织行为。比如，公司拥有多少的人力资源，这些人力资源是怎么组织起来的，公司的组织构架是什么，你拥有哪些关键资源，包括资金资源、人力资源、管理资源等，以及制定什么样的制度和流程。这样的做法，是为了让企业能够持续创造价值，不断降低成本，更加有效地创造价值和传递价值。

第四个环节是获取价值。企业建设组织、生产产品、做营销、铺渠道，这个过程会产生大量成本。因此，成本结构要非常清晰，而且要产生收益和利润。

为了提高企业的投资回报率，仅仅创造高利润率还不够，资金利用率也要提高。比如，一个产品的利润率是20%，但一年的流通只有一次，那么一年的资金回报率为20%。但有的产品利润率只有5%，一年流动10次，此时的资金回报率就是50%。由此，一个企业如果想要更高的投资回报率，有三个方向：第一降低成本，第二提高收益，第三提高资金周转的效率。

企业的转型体系，就是围绕创造价值、传递价值、支持价值和获取价值而来，每一个环节相互联动、相互影响。在互联网时代，企业系统的各个环节能够更密切地融合一起，而且企业有机会打通各环节之间的壁垒。

我们再重新审视一下互联网到底对企业转型意味着什么。德鲁克有句话，他说互联网拉近了人和人之间的距离。尽管现在技术变化那么快，但核心的东西没有变，只是要拓展一下，它拉近了人跟人之间、人跟信息之间、人跟物之间、物跟物之间的距离。互联网的核心在于连接，最大的价值在于连接，它让信息变得透明化，拉近了企业跟消费者之间的距离，让消费者有更大的主导权，而且它让企业在传递价值、创造价值、获取价值和支持价值之间发生根本的变化。

互联网对企业改变的第一步是传递价值，早期从互联网营销到电子商务其实是传递价值环节的改变。当互联网营销取代传统广告，电商取代线上零售店，各种"互联网+"都是在这个层面改变。

在创造价值层面，传统电商现如今更多扮演的还是零售商的中介角色。但在互联网的继续作用下，商家或者厂家可以直接和客户发生联系，通过客户的诉求先导入需求，需求导入之后再来安排生产，把整个消费模式的顺序给调换过来。以前是先生产再销售，现在是先销售再生产，这样可以大大降低库存量，而且能让产品变得更加定制化，有更高的利润率。C2与B2C看上去只是一个顺序的变化，但其实是整个商业模式的变化。这将是未来五到十年一个持续的热点。

要完成价值创造和传递工作，一定要有相关的组织去执行它，这种组织跟传统的组织形态是两个概念。以前企业之所以越来越大，是因为它对外的交易成本太高了，所以希望通过扩大规模来降低成本。但现在随着互联网的到来，外部交易成本正在不断下降，这就引发了改变。未来从组织的规模到组织的构架，到人才的体系和治理方式都会发生一连串改变，这就是管理模式的转型。

互联网对整个收入结构和成本结构也产生了很大的影响。第一个是收入结构变了，以前的利润中心变成了成本中心，现在的利润中心从别的地方出来。第二个是把实业和金融有效结合起来，不再只是赚生产本身的利润，而且赚资本的溢价。比如小米一台电视亏本600元卖出去，奇虎360免费提供杀毒软件等都是通过补贴的方式获得用户，再通过后台程序把用户联系，赚的是资本溢价的钱。

目前，在互联网的影响下，产品服务、营销渠道、组织管理、成本和收入各环节都发生了变化。未来，它们彼此的融合度会愈来愈深。

转型是在变化中创新

在未来，拼的不是资金和资源，而是你拥抱变化的能力。

创新是一种全新的方式，贯穿商业模式的各方面。具体来说，是更有效、成本更低、速度更快，以更好地解决问题。我们以前常常局限于技术、产品创新。当然，这很重要，但要有好的技术、产品创新，还需要其他方面的创新。比如，组织结构、流程创新，以及营销方式、渠道、资本创新等等，都会有所涵盖。

如何去整合各部分的创新？如何找到突破点？每个企业的突破点不一样，和你所处环境，以及现有资源、能力的优势决定的。有的企业擅长做营销，可以从营销点去创新，用新的渠道去影响客户。有的企业擅长产品设计、研发，它可以从这个点去创新。还有企业，擅长在运营管理方面降低成本，通过资本运营的方式获利，这也是创新。每个企业，并不是一开始就每个环节都要创新，创新是一个渐进的过程，很难做到同时发力。

以前企业家忙于开疆拓土，现在他们要注入新的基因，面对转型的常态。一般来说，一个人过了50岁，思维方式会比较固化，尤其对于一个成功的企业家来说，他会形成一套自己固有的思维范式。对于中小企业来说，达到某个程度之后，如果惯性地用老办法继续运行，这是很危险的。

现在的企业应该具备几个特点，第一，它是符合整个中国经济发展需求的。如今中国出现了很多新产业，同时也有很多既有产业消失。那么，如果它是新兴的行业，就比传统的行业幸存几率更大。比如，我们做移动互联网，就比做以前那些过时的全机械化操作更符合趋势。

第二，能够符合整个消费升级需求的变化。如果产品本身与消费升级紧密联系，它就有更大的前景。也就是说，产品本身是处于升级期的，能够通过不断的创新变化带给消费者不一样的消费体验，享受到越来越好的产品服务。

比如，近年来非常流行的消费型无人机，通过小巧的无人机，每个人都有可能实现飞行梦。不管是数量还是质量，消费者对无人机产品的需求是在不断上升的，这就要求企业要不断创新以满足消费者需求。在质量提升的同时，消费需求也在增加。

第三，从内部来看，企业要有不断创新能力，以及内容生产能力，才能够幸存下来。自身能力不断升级创新，达到符合外部的市场需求，这是企业能够幸存的方向型问题。

大多数老企业，是集中在人类基本生存需求上的，比如衣食住行。不管技术怎么发达，经济起起伏伏，衣食住行不可缺少。房地产、餐馆、汽车等行业，一定是会存在的，因为市场一直需要。老企业的优势就在于，市场很成熟，不需要去培育客户。

相对而言，新企业承担了很大部分培育客户的成本。它们所处的市场原本是不存在的，开辟新市场有很大的风险。新行业里的创新企业，面临一个问题：这个市场是否真的存在？比如，直播市场是否存在？知识付费市场到底有多大？现在都是一个未知数。

老企业的市场开拓风险低，比新企业更稳健，并不代表老企业拥有绝对的优势。如果老企业缺乏对市场变化的敏感，不具备忧患、危机、创新意识，很可能被新企业干掉。数百年来，为什么企业一直在淘汰中？是因为很少有企业能够长期具备创新意识，这也是一个企业的宿命。

创新能够为企业创造生存机会。

美国GE公司，创立于1892年，至今已有100多年历史，以多元化发展著称。这家企业最开始是做灯泡的，它的创始人之一是伟大的发明家托马斯·爱迪生。在后来的发展中，GE坚持创新、发明和再创造，致力于将创意转化为领先的产品和服务。从灯泡到照明设备系统，再到发动机、航空、医疗器械、能源、金融……GE成为外界口中"无所不能"的公司。

GE能够在100多年的时间里一直处于领先，是因为它做到了不断把握新趋势的机会，不断地自我创新。也可以说，GE一直在寻找转型的机会，并且做好了随时转型的准备。在不断的转型训练中，它的转型成功率自然比别人更高。

以前常说，一个企业要专注，要聚焦，对于一个相对稳定的竞争态势来说，专注和稳定是优势、是好事。但是，当环境变化后，留恋过往，过于聚焦关注，很可能引来灭顶之灾。

在转型中，你很可能聚焦的是一个不再被人需要的旧产品或旧市场。可能你做得很好，但是市场没了。如果GE一百年专注做灯泡，它或许会成为"灯泡大王"或者"照明大王"，但不会有如今的"商业大帝国"。

放弃老本行去新的行业，这和企业的能力有关。一个企业要专注一个行业，但不是死守一个行业。跨行竞争的前提在于，企业有没有能力在新行业里占据领先。如果有这个能力，就可以跨行业竞争。正因为大多数企业没有这个能力，所以才必须专注、聚焦。

过去二三十年间，有一些企业做专业化非常成功，比如万科，就做房地产。也有各个领域出击的企业，也很成功，比如万达，在商场、影视、金融等领域不断转型。其中没有绝对的对错。是专注还是创新，其关键在于，投身一个新领域是基于你的优势沉淀，而不是凭空想象。

即便是互联网企业，也正在创新中不断融合。比如，阿里巴巴，它是典型的互联网企业吗？看起来是，但它已经涉足很多不同领域了，比如文化影视。它利用互联网优势，布局到各个行业。很难说阿里巴巴是一家专注的互联网公司，它更像是一个利用互联网改造其他行业的企业帝国。

在实际创新过程中，企业从上而下的转型创新是很苦难的。主要原因在于，老机制追求效率优先，思考的是把风险控制到最低，这样的机制是天然遏制高风险创新的。

比如诺基亚，在数字电话时代，它做到了极致，而且坚持专注。但在智能手机时代，它没有及时发现变化和机会，转型太慢，便迅速没落了。诺基亚是一家芬兰公司，成立于1865年，靠造纸起家，后来逐步向胶鞋、轮胎、电缆等领域扩展。20世纪80年代，诺基亚发展成为一家手机制造商，开始在手机市场叱咤风云。

诺基亚在数字手机时代的成功，也源于它及早地发现了电信市场的潜力，推出了创新的产品服务，并且坚持品质创新。

2007年，苹果推出第一款iPhone手机，产品不够完美。那时候的诺基亚也许并没有把苹果看在眼里，认为iPhone无非是东拼西凑，把一些已有技术进行了重组。或许诺基亚内部也有人尝试去做智能手机的探索，但此时的诺基亚面临一个窘境，如果研发智能手机，那么原有数字手机市场会遭遇冲击。这一举动意味着，诺基亚要自己革自己的命。另外，原有的思维方式、机制流程等都不支持创新。因此诺基亚就只能眼睁睁看着苹果不断推出创新产品。

到iPhone4推出的时候，苹果的智能手机技术趋于成熟，诺基亚手机此时想要追赶，已深感乏力。2011年第二季度，诺基亚全球手机销量第一的地位被苹果及三星双双超越；2013年，微软收购诺基亚手机部门，诺基亚从此退出手机市场；2016年，微软又将诺基亚功能手机业务出售给芬兰HMD公司和富士康子公司富智康。

2007年的诺基亚手机肯定没有想到，自己会在7年后沦落到被人卖来卖去的命运，而整个母公司也因此受到了重创。在"创新者的窘境"里，诺基亚手机没能打赢翻身仗。

当一个企业做到了一定市场规模，它会思考如何让组织更优化，提升效率，组织管理、产品服务各方面都是为这个目标而展开。这样一来，企业就很容易陷入"创新者的窘境"，它每天思考的是如何降低各部分成本，用最低的代价去创造原有的产品，让整个流程变得更成熟流畅。这时候，企业忽略了创新，不愿意去承担风险，最后陷入困局，无力自救。

而另一边，苹果iPhone完成的是"颠覆性创新"过程。1997年，哈佛大学商学院的商业管理教授克莱顿·克里斯坦森（Clayton Christensen）在《创新者的困境：当新技术使大公司破产》一书中，首次提出了"颠覆性技术（Disruptive Technologies）"概念。在颠覆性创新的概念里，那些成为大企业的公司，很难持续引领下一个潮流，在新技术来临的时候，它们会被一个同行业的小企业或者其他行业的外来者打败。

从理论上来讲，行业内的公司和新创业者同样面临创新的机遇和风险。

但从实践上来说，新创者更有优势，因为新入者更加大胆和无所顾忌，不会面临新旧取舍的纠结，也不用去改变原有组织方式和管理方式。

从现实来看，大量颠覆性创新的出现，往往是由局外人创造的，而不是大公司本身去完成的。大公司完美的管理、流程效率，与创新思维是相悖的。这时候，鼓励创新的有效做法，是让那些创新的机构，拥有相对独立的办公室、文化、考核制度。千万别用原有方式要求创新，限制自由以及过多的干涉不会有理想的结果。

当然，在鼓励创新的时候，要注意到创新的高风险问题。中国风险投资成功的概率，也就10%左右，大量的投资都是亏损的。但如果成功，高收益就可以对冲高风险，拥有10倍或者更高的回报。

约翰·科特转型八大路径

企业转型需要有全局思维，但不能高举高打。不同企业转型路径和方法是不同的，世间没有一个通用的方法路径，但我们有可以参照的转型路径。约翰·科特（John P. Kotter），哈佛商学院终身教授，被誉为"领导变革之父"。他曾有一部著作，名为《企业成功转型8步骤》，直接地指出了企业转型的先后8步，分别包括：

1. 制造紧迫感

·考察市场和竞争的现状

·发现并讨论现实的和潜在的危机，或者重大机遇

2. 建立强有力的变革领导集团

·建立一个力量足够强大的团体，领导变革行动

·鼓励这个团体以团队的方式开展工作

3. 树立变革的愿景

·树立明确的愿景，为变革行动指引方向

·制定实现这个愿景的战略

4. 沟通和传播愿景

·利用所有可能的渠道，沟通和传播变革的新愿景及其战略

·以变革领导集团的行为作为榜样，树立新的行为方式

5. 授权下属采取行动实现愿景

·扫除变革的各种障碍

·改变严重妨碍愿景实现的各种制度或结构

·鼓励冒险和突破传统

6. 系统地规划并取得短期成绩

·规划怎样显著地改善业绩

·实现业绩改善目标

·表扬并且奖励那些为业绩改善做出贡献的员工

7. 巩固成效并发起更多变革

·利用可信度的提高，去改变与愿景不符的制度、结构和政策

·聘用、提拔和培养能够贯彻落实愿景的员工

·用新项目、新主题和新的变革推动者，加大变革力度

8. 将新方法制度化

·指明新行为和公司成绩之间的联系

·找到合适的方法培养后继领导人才，确保变革领导工作的延续性

（原版首次发表于《哈佛商业评论》1995年3/4月号。略有删减。）

我们在研究中发现，科特提出的转型八步法，和中国改革开放的路径非常相似。

第一，制造紧迫感。很多变革转型都是倒逼的产物，不到万不得已不会改变。企业危机感不够，就不会意识到冰山在融化，市场正在消失。变革者要善于发现问题，让大家认识到，保持现状会失败。想要躲避这种命运的话，就要有变革。

1978年，改革开放的第一步就是进行关于真理的大讨论，确定了"实践是检验真理的唯一标准"，破除了"两个凡是"的思想认识。那时候的中国，经过了十年动乱，经济处在崩溃边缘，百姓的生活过得很苦。同时，许多有志青年从农村回到城市，急切地想要干一番事业。

关于真理的大讨论，让人民群众从意识层面上达成了共识：我们要发展经济，危机已经来临，要求生，先求变。

第二步，建立强大的团队。既然要改革转型，光有领导人一个人的想法是不够的，而是要建立大家齐心的圈子和顾问团队，共同的使命、愿景和价值观。要让有创新动力和能力的人，成为改革的突击部队，成为值得领导者信任的团队。

改革开放之初，邓小平就起用了有才干的人，予以重任，而且大量起用年轻人，因为小平同志很清楚，年轻人创新求变的意识更强，思维没有僵化，能够推动转型的成功。

第三步，树立变革愿景。这个愿景一定是非常清晰的，鼓舞人心的，能够为变革指明方向。邓小平提出，我国要建设四个现代化，这是当时变革的愿景。他提出，贫穷不是社会主义，要实现现代化，让更多人富裕起来，最后实现共同富裕。这样的愿景，为当时的改革提出了清晰目标。

第四步，不断和团队成员沟通宣传愿景。需要在意识形态方面不断宣传，让大家对未来的愿景、战略达成共识。要善于树立典型，去发现那些符合公司愿景的团队，传播他们的成功经验，给予表彰，使其成为组织学习的榜样。

第五步，扫清变革障碍。对于那些拒绝变化的人、事、物，尽量规避。而且要改变不利于变革的制度、流程、组织结构和文化，去鼓励冒险、创新的想法和行为。用具体的奖惩措施，去创建转型的人力环境。放弃不愿意改变的人，重用愿意尝试新事物的人。

第六步，建立试点，达到短期目标。通常，试点需要1～2年时间，摸着石头过河，只有在变化和探索中建立起有成效的创新变革标杆，才会看到成功的可能性。1980年8月26日，第五届全国人大常委会第15次会议决定：批准《广东省经济特区条例》，宣布在广东省的深圳、珠海、汕头，福建省的厦门四市分别划出一定区域，设置经济特区。这样的决议，意味着改革开放启动了试点工作。

第七步，巩固成果，不断深化改革。当一个试点成功后，要不断总结其中的经验教训，对外传输成功经验和背后的价值观。重用在改革中成功的员工，通过对成功案例的研讨会，树立典范。

设立经济特区之后，深圳的经济政策和管理方式和内地不同，吸引了许多内地的年轻人南下。很快，深圳的变化对很多摇摆不定、还在观望的城市，产生了示范效应，推动了改革开放的进程。当时，全国人民掀起学习深圳的热潮，"时间就是金钱，效率就是生命"这类激励人心的口号，都来自深圳的示范效应。

第八步，将变革转型的成果制度化。当试点成功之后，应当及时梳理可复制的成功路径，从整个层面去建立共同制度。管理层需要建立新的行为规范、价值观和文化，而且要不断宣传新行为和公司成功之间的关系。用新方法去设计公司领导力的发展和接班人计划，让具有创新精神的领导者源源不断产生。当转型成功和个人成功相互关联的时候，转型就成为共识了。

在转型八步骤的实施中，有很多失败的陷阱。比如，如果一开始没有创造紧迫感，大家意识不够，当在具体推进的时候，就会遇到强大阻力。我国的改革开放是摸索出来的，但其路径完美符合了事后的理论总结。

科特在《领导变革：转型为何失败》一文中写道：分析成功案例，我们得出的最具普遍意义的一则启示是，变革过程是由若干阶段组成的，完成所有阶段需要相当长的时间，试图跳过其中的某些阶段是行不通的，那只会制造变革神速的假象，并不能带来令人满意的结果。

另一则同样具有普遍意义的启示是：在变革的任何阶段犯下严重错误，

都会造成灾难性后果——延缓变革进程，并抹杀先前好不容易取得的成绩。可能是由于人们普遍缺乏组织变革的经验，哪怕是非常能干的企业领导人也经常会犯下这些重大错误。

在这篇经典文章中，科特从转型八步骤的反向着手分析如果不符合这些步骤，会带来怎样的结果，以及提供了处理问题的思路，以使得转型路径朝正确的方向行进。

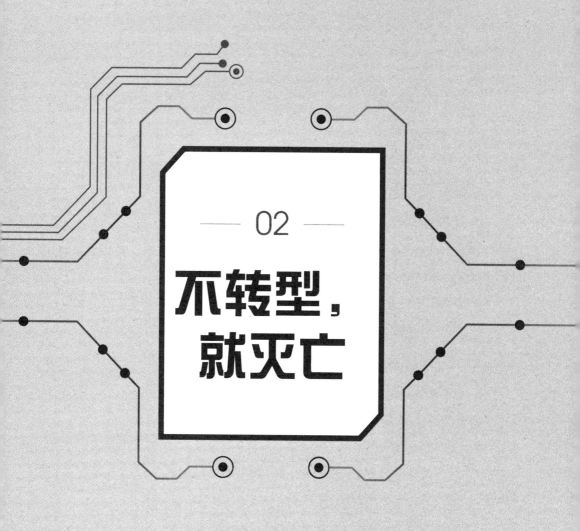

02

不转型，就灭亡

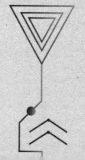

由于职业的原因，我能接触了解到企业各种各样的问题。多数企业家最为困惑的问题是："中国经济为什么变了？未来会怎样？"

我并不是经济发展的预言师，每当听到这样的困惑时，我只能苦笑一声告诉对方："在变化中的不仅是中国经济，整个世界都在变化。如果你某一天睡醒感觉到了翻天覆地的变化，那未免太后知后觉。"

一位优秀的企业家，不仅能准确感知自己经营的企业发生了什么，也应能够把握外界环境的变化。新技术、新竞争对手、新制度带给企业的影响是巨大的，新事物带给企业喘不过气的压力，也能带来发展壮大的机会。

危机将长久存在。谁能顶住压力，将危机变成转型动力，突出重围，谁就能成为未来的幸运儿。

阅读之前的问题：

1. 中国经济在发生怎样的变化？

2. 中国企业面临哪些经营压力？

3. 技术创新对中国企业有哪些影响？

4. 制度变革对中国企业有哪些影响？

中国企业面临的三重压力

2007年，国际投资经理人安东尼·范·阿格塔米尔曾在《世界是新的》一书中提出，第三世界的一些国家会重新崛起，成为自第一次工业革命以来，未来世界的一流经济强国。

在未来25～30年的发展时间里，这些新兴市场国家的国内生产总值（GNP）会超过现在成熟发达国家的国内生产总值，全球的经济重心会发生一次巨大的转移——从发达国家转向新兴市场国家。

高盛集团也曾预测，到21世纪中叶的时候，中国的经济规模不仅是世界最大的，而且还会成为世界经济的支柱——既是全球领先的出口大国，也是引领经济发展潮流的大国。中国不仅在区域经济中占据主导地位，而且还会成为海外的重要投资者。

多年之后，中国经济如何了？

必须面对的现实是，中国经济面临转型升级，中国企业正面临三重压力。

第一，整个世界经济发展放缓，包括中国经济的放缓。我们可以发现，以前到处都是机会，现在因为经济的放缓，导致机会没有那么多了，这给企业带来了相当大的压力。

2016年，IMF发布了一份为G20财长和央行行长会议提供的监测报告。这份题为《全球前景和政策挑战》的报告说，在全球金融市场动荡加剧、资产价格下挫的背景下，全球经济增长有可能进一步放缓。考虑到经济复苏疲软以及金融市场动荡加剧，全球经济更容易受到负面冲击。

"经济学人"智库在2016年发表报告，评选出全世界会造成深远影响的十大危机，其中，中国经济"硬着陆"，排名第一。2016年第一季度，中国GDP增长6.7%，成为自2009年的一季度以来最低增速。

《人民日报》曾刊文表示，在当前全球经济和国内经济形势下，国民经济不可能通过短期刺激实现V形反弹，可能会经历一个L型增长阶段，为下一阶段的发展积蓄能量。这些年，经济学界围绕"经济从L形走向U形复苏"新常态进行了大讨论，在接受新常态的同时，给中国经济提出了更高的要求——放缓是一种过渡，发展才是未来需求。

如今，经济放缓的危机早已经到来。作为中国经济体中重要的组成部分，中国企业的压力可想而知。企业身在经济中，感受着放缓的无奈，又迫切地需要改变局面，挽回损失，并且开创新的发展空间和机遇。

第二重压力是技术的变迁。霍金说："哲学已死，科学技术永生。"如今，移动互联网、人工智能的发展，云计算、大数据为代表的新技术变革来临，产品创新的压力非常大。以前，一个产品的生命周期可能有5到10年，相对较长，现在可能只有半年。

很多时候，你刚刚想到了一个新点子，还没来得及落地实施，其他人就已经走在前面，拿出了产品。就算你是市场第一人，也很难独霸市场，几乎在第一时间就会有竞争对手出现。

2010年前后，美团网、窝窝团、F团、拉手网、团宝网等团购网站相继创立，更早的还有满座网、糯米网、24券网等团购网站，稍晚一些的嘀嗒团、高朋团也很快成立。

消费者对打折优惠的信息是最灵敏的，也是最急切的。团购网站扎堆出现后，一瞬间火遍全国，而且需求越来越旺盛。迫切的需求又刺激了源源不断的市场供给，2010年到2012年之间，团购网站经历了可怕的"千团大战"。

那时候，谁会想到，会有那么多同类竞争的产品瞬间爆发呢？

然而，现实却是，经过疯狂发展之后，多数团购网站在短时间内销声匿迹。2015年，美团网和大众点评合并，宣告着团购竞争时代的结束。那些曾经在这个舞台上出现过的雄心壮志的公司，一个个离开了这个残酷的领域。随着产品的失利，团购网站公司也就解散了，其中许多公司的寿命只有短短几个月，最终以亏损收场。

未来，对于企业来说，无论是大数据、互联网还是人工智能，这些新技术都是重要的，它们会极大地改变企业运营的基础设施。就像电力普及一样，现在的计算机也普及了。现在互联网还算是一个新兴行业，不久的未来就是基础设施。

比如100年前，如果你有电力的优势，就能赢过那些用蜡烛的餐馆。但现在所有餐馆都有电灯，这不是选择的问题，而是没有电灯就不可行。科技将成为一种标配，大家都会用，就看谁用得更好。所以，只有积极去拥抱大数据等科技，才有可能走在前列。

互联网技术带来的改变，大家有目共睹。首先在营销层面，以前的营销是靠电视报纸，但现在的互联网移动媒体成为主角；另外，在渠道层面，以电商为代表，电商可以让一个企业的市场疆域从一个地方扩散到全国甚至全球，边际成本非常低。阿里巴巴、亚马逊等互联网公司，其实是重新塑造了商业流通领域的变化。

互联网出现以前，中国的地域非常辽阔，信息相对比较封闭，只要做得不太差，都能生存。现在随着互联网和物流的发展，信息变得越来越透明，竞争从区域竞争向全国、全球蔓延。对于本身产品具有竞争力的企业来说，能够借机扩大规模，加快发展；但对于那些缺乏竞争力的企业来说，就面临短兵相接的激烈竞争。

科技正在改变世界，随着技术的发展，很多职业甚至行业会消失。比如以前的打字员，这个职业已经基本消失，成为一个人的基本技能。毋庸置疑，在科学技术的发展速度越来越快的状态下，技术的迭代也会加快。

有人认为，世界上有一些职业不会受到科技的影响，比如体育运动员。对于运动员来说，他能通过训练达到让人无法模仿和超越的水平，形成绝对的竞争优势。这样的评判，在十年前或许还说得通。一个运动员的训练是否科学，对他的成绩影响很大。利用科技，我们可以监测一个运动员的训练状态，为他设置更合理更有针对性的训练课程，帮助他更快地完成自我超越。

如何分辨哪些技术能对企业的竞争力产生影响？如何利用技术为转型服务？这是企业需要关注的重要问题。在企业转型过程中，要随时关注技术的变革，做到提前布局，将技术融入产品、融入营销，融入转型的方方面面。

2013年左右，学习互联网思维成为一股热潮，这是一次以技术命名的思想变革。那么，到底什么是互联网思维呢？我对互联网思维的定义是：在互联网对生活和生意影响力不断增加的大背景下，企业对用户、产品、营销和创新，乃至整个价值链和生态系统重新审视的思维方式。互联网思维不是技术思维，不是营销思维，也不是电商思维，而是一种系统性的商业思维，而且不只适用于互联网企业，而是适用于所有企业。

传统行业如何拥有互联网思维呢？大约可以分为四个阶段：

第一阶段是传播层面，也就是我们常说的社会化营销，利用网站、微博、微信和App来展示公司的产品和品牌。

第二阶段是渠道层面，也就是我们常说的B2C电子商务，把渠道从线下搬到线上，通过互联网销售产品。

第三阶段是供应链层面，包括消费者定制（C2B），消费者参与到产品设计和研发环节，这也是广义层面的电子商务。

第四阶段则是价值链层面，用互联网思维重新架构企业，从传播、营销、供应链到运营管理方面全面由互联网来驱动，组织构架和管理方式也会面临相应的调整。

大多数企业对互联网思维的理解还停留在第一阶段和第二阶段，也就是上面说到的社会化营销和电子商务层面。但要让整个企业拥抱互联网，光有这些是不够的，要用互联网去改造自己的供应链和价值链，甚至包括企业的组织构架和企业文化，这才是互联网时代的企业转型的根本要义。

第三层压力，来自于中国的消费升级。以前，中国市场生产不足、供给不足、需求旺盛，感觉随便生产什么，都有销路。但现在随着人们日益增长的物质文化需求，消费者的要求越来越高，引发了消费升级。如果没有生产出有竞争力的产品，会很难生存。为什么那么多人到日本买马桶盖？就是因为国内生产无法满足消费升级。如果还像几十年前那样，产品只有基本功能，那么就算便宜，也很难吸引消费者。

现在的中国消费者，缺的不是钱，而是升级的消费服务。

2015年11月10日召开的中央财经领导小组第十一次会议上，习近平总书记强调，在适度扩大总需求的同时，着力加强供给侧结构性改革，着力提高供给体系质量和效率，增强经济持续增长动力，推动我国社会生产力水平实现整体跃升。

2016年1月27日，在中央财经领导小组第十二次会议上，习近平发表重要讲话强调，供给侧结构性改革的根本目的是提高社会生产力水平，落实好以人民为中心的发展思想。要在适度扩大总需求的同时，去产能、去库存、去杠杆、降成本、补短板，从生产领域加强优质供给，减少无效供给，扩大有效供给，提高供给结构适应性和灵活性，提高全要素生产率，使供给体系更好适应需求结构变化。

供给侧改革，精准地指出了我国经济的发展方向。简单地理解，就是通过企业转型升级，提高产品服务水平，告别"山寨复制"时代，突破创新，满足消费者的消费升级需求。相信身在市场中的企业，能够更直观地感受到市场需求的升级变化，市场从未消失，而是发生了更高级的转移。

除了上述三重压力之外，中国经济还有一些变化，比如伴随全球化进程而来的市场边界的变化。以前是国与国之间的竞争，现在进入了全球竞争时代。又比如人民币的国际化等，也会影响中国企业在全球的竞争。再比如美国总统换届、英国脱欧，这些无法预计的变动都为整个经济环境的变化带来不确定因素。

我们说，有一个"VUCA"[1]时代，是指环境的易变性、不确定性、复杂性和模糊性。以前用VUCA这个词来形容战场的状态，但现在VUCA已经是企业面临的一种常态。

中国经济的升级，是宏观层面的思考。而中国企业的转型，是微观概念，是由千千万万个中国企业的转型来推动宏观经济的升级。这是两者之间的关系。

一方面，中国经济的变化，倒逼中国企业的转型。另一方面，只有中国企业真正转型之后，中国经济才有可能升级。两者互为因果，相互影响，未来一定是彼此融合的。一个企业想要有好的发展，一方面，要把握宏观经济变化和趋势，包括政治、经济、技术、社会各方面；同时，在中观层面，要去发现产业内部的变化，把控所处行业的发展。比如，行业里的价值链分布在发生变化，早些年可能一个企业的核心竞争力是生产制造，但现在变成了技术、研发或营销，企业就要随之做出合理的转变。

第三是微观层面，企业必须要踏踏实实地创新产品，改变管理方式、提升管理效率。这样，既能够让企业活得更好，也有助于推动宏观经济的升级。

1　VUCA 是 volatility（易变性）、uncertain（不确定性）、complexity（复杂性）、ambiguity（模糊性）的缩写。源于军事用语，后指组织处于这四种状态之中。

中国正在涌现一大批具有国际竞争力的企业，它们纷纷走出海外，就像当年进入中国的那些跨国企业一样。跨国企业往往是民营企业发展的高级阶段，当企业开始步入成熟期，它们就需要通过国际市场去寻求规模扩张，这种在欧洲、美国和日本已经产生了几十年的现象一定会在中国重演一遍。

随着越来越多中国企业的国际化，越来越多国际化经理人的出现，民营企业的管理会经历快速提升的过程，达到和现在很多跨国企业同样的水平。

工业 4.0，颠覆生产力

技术是人类改造世界能力的外延。——马克思

1.0	蒸汽机	2.0	电力	3.0	计算机	4.0	互联网
	动力		能量		计算		信息

1765年——	1866年——	1946年——	1990年——
1765年，珍妮纺纱机诞生，标志第一次工业革命开始	1866年，西门子发明了发电机，第二次工业革命开始	1946年，第一台现代计算机诞生	1969年，美国国防部研发了阿帕网，互联网的源头
1769年，瓦特改良了蒸汽机，第一次动力革命	1870年，洛克菲勒成立标准石油公司	1954年，IBM推出第一款晶体管计算机	1990年，www协议让互联网走向了商业运用
1807年，富尔顿发明了蒸汽轮船	1878年，爱迪生创办了爱迪生灯泡公司——通用电气前身	1975年，微软创办	1995年，雅虎、Ebay、亚马逊先后创办
1814年，史蒂芬孙发明了蒸汽机车	1886年，卡本·本茨和戴姆勒同一年发明了汽车	1976年，苹果创办，同年推出APPLE个人电脑	1998年，Google创办
		1981年，IBM推出"个人电脑"，这是PC的由来	2004年，Facebook创办
			2007年，苹果发布iPhone

每一次时代的变化都会有转型。从全球来看，企业也一直在转型。

1602年3月20日，荷兰东印度公司（Dutch East India Company）成立。这是全球第一家股份制公司，是一家具有国家职能、向东方进行殖民掠夺和垄断东方贸易的商业公司。可以说，现代股份制企业也就410多年的历史，我们经常说最古老的家族企业有上千年历史，比如日本的金刚组就号称拥有1400多年历史，但它们在很长时间里并不是公司制运作，而是一个家庭作坊形式的企业，而且规模普遍不大，转型成为现代企业的时间并不长。

创立之初就是现代企业，而且能经历多次转型的跨国企业并不多见。以杜邦公司为例，它成立于1802年，成立之初是一家火药厂，在清朝时期就把业务做到了中国，后来又做过清漆、玻璃纸、尼龙等诸多产品，涉及农业与食品、楼宇与建筑、通信和交通、能源与生物应用科技等众多领域。2016年开始，这家公司和陶氏化学整合，品牌依然保留。在全球，这样经历多次转型和并购而且依然屹立不倒的跨国公司也并不多见，它们都是不断顺应时势、不断创新转型的企业。

1765年，织工哈格里夫斯发明了"珍妮纺织机"，揭开了工业革命的序幕。1785年，瓦特创造的改良型蒸汽机投入使用，替代了人力，提供了更加便利的动力，极大提高了效率，人类社会由此进入"蒸汽时代"。

比如此前磨坊做面粉都要在水旁边，通过水力的带动去做。有了蒸汽机之后，可以不受地理环境影响，随时随地可以用蒸汽动力。

第一次工业革命的结果，为社会生产各方面带来了影响，比如纺织业的生产效率提高十倍，棉布的价格大幅下降，产业迈向规模化和标准化等等。

经济发展还带动了城市的出现，很多现代意义上的城市，都是从那时候起步的。

19世纪60年代，德国人西门子制成了发电机；到70年代，实际可用的发电机问世。此后，电器成为补充和取代以蒸汽机为动力的新能源。电灯、电车、电影放映机相继问世，人类进入了"电气时代"。

第二次工业革命期间，出现了很多现代大型公司，比如GE，这家电气公司是由老摩根在1892年出资，把爱迪生通用电气公司、汤姆逊·豪斯登国际电气公司等合并组成。从现在看历史，这些老牌大公司的创立不是偶然的，它们的创始人抓住了工业革命的机遇才有了发展。

美国拥有庞大的疆域优势，又在第二次金融危机中超越了老牌的欧洲国家。1870年到1890年期间，美国一举成为全球第一大工业国，大多数富豪都是在那个阶段起家的。在全球来看，最富有的十个人中，有三个人都出生在1833年到1837年四年间，分别是安德鲁·卡耐基（Andrew Carnegie，1835年11月25日—1919年8月11日）、约翰·洛克菲勒（John Davison Rockefeller，1839年7月8日—1937年5月23日）和约翰·皮尔庞特·摩根（John Pierpont Morgan Sr.，1837年4月17日—1913年3月31日），代表了美国的钢铁、石油能源和金融行业。他们创业时间都在1860年左右，年龄在25岁到35岁之间。

第三波技术革命浪潮是在1950年前后，以计算机的发明为代表。1946年2月14日这一天，由美国军方定制的世界上第一台电子计算机"电子数字积分计算机"在美国宾夕法尼亚大学问世。在这一时期，大量创新企业登上舞台。其中，也有抓住机遇成功转型的企业。例如惠普，1939年，这家公司在帕罗奥多市的一间汽车库里诞生，第一个产品是声频振荡器，创始人是比尔·休利特和戴维·帕卡德。

在30年时间的发展过程中，惠普研发过信号发生仪、雷达干扰仪、高速频率计数器、电子医疗仪器等等创新科技产品，成为令人瞩目的公司。

1966年，惠普实验室成立，设计出第一台计算机产品（HP2116A）。1970年左右，惠普推出第一台袖珍式科学计算器。自此，惠普进入计算机领域。十年时间，惠普在计算机研发制造的同时，成功推出了可与个人电脑连接的喷墨打印机和激光打印机，标志着惠普踏入打印机市场。

接下来的三四十年，惠普的计算机和打印机同步发展，业绩和规模持续上升。1970年，营业收入3.65亿美元，员工人数16000人；1980年，营业收入30亿美元，员工人数57000人；1985年，营业收入65亿美元，员工人数85000人；1990年，营业收入132亿美元，员工人数91500人；1997年，营业收入429亿美元，员工人数121900人；2008年，营收额突破1000亿美元，截至2012年初，一直保持全球第一大PC厂商的地位。

细数可以发现，整个第三次技术浪潮，60多年的时间里，惠普踏着这股浪潮实现了一次次超越。一次新技术革命对企业发展的重要性，从惠普转型的脉络就可以感知一二。

在这波浪潮中，涌现了很多现代人熟悉的企业家，比如史蒂夫·乔布斯、比尔·盖茨，他们两人在同一年出生，巧合的是，又在同一年创立了各自的互联网公司。

随着互联网技术的普及，宏观经济走向全球化，经过了20世纪70年代的石油危机，80、90年代中国的崛起，全球化已经成为新的经济发展趋势。不可否认的是，通过互联网强大的连接作用，以及交通运输的发达，地理区域的限制不再是困扰，全球经济联系达到了空前的紧密和便捷。国与国之间在政治、经济贸易上互相依存，人与人之间通过电话、邮件、在线聊天工具能够随时随地沟通。

我们可以看到，越来越多的跨国工厂聚集在人力成本低的国家，从生产到资本、贸易和技术，都有全球化的渗入。与此同时，全球化的进程中，也会出现许多问题，影响企业发展。不管是美国大选还是英国脱欧，政策的变化、经济政治观点上的变化，都会对国际大势产生影响。

目前正在进行的是第四波技术革命，以人工智能、大数据等新技术为标志，我们称之为"工业4.0"。这一轮的革命，是由互联网助推而成的。在这个时代，信息鸿沟缩短，信息流动更加迅速，市场的边界也更模糊，企业变得越来越智能化。

工业4.0，本质上是德国的一项政策，目的是保护与增强制造业的竞争力，其目标是将工业设备连接起来，实现产品制造流程的自动化，加深构成供应链的企业之间的合作。在国际上，德国率先发起工业4.0，美国也提出了工业互联网概念，博世、西门子、GE等国际化公司已经行动起来。在德国工业巨头宝马集团的莱比锡工厂，忙碌工作的机器人已经达到了700台，每个机器人都有自己的工作任务，不知疲惫地运转着。

在中国，工业4.0的概念也已普及，我们深刻地认识到，为了将制造的重心向中高端产品和"创新驱动"转型，就必须利用科技的力量，升级制造业。2015年5月，国务院正式颁布了《中国制造2025》战略规划纲要，成为我国由制造大国向制造强国转型的顶层设计，为转型道路指引了方向。

如果说过去20年是互联网的黄金20年，那么下一个黄金时代将属于产业互联网，"互联网＋制造"将成为新的风口，智能制造将颠覆传统的机械化制造。

目前，人工智能已经登上舞台施展拳脚。2009年，电影《阿凡达》中，科学家人工培育了名为"阿凡达"的肉体替身，通过自己的意识对其进行"远程控制"。而如今，随着人工智能的发展，电影里的"阿凡达"距离我们不再遥远。

早在1998年，英国科学家凯文·沃里克用自己的身体做实验，在外科医生的帮助下，将一枚硅芯片植入了他左臂的神经系统中，成为"世界第一电子人"。

2013年，德国科学家发明了一种只有3毫米的微型芯片，通过植入病人脑内，放置于眼球后方，可以帮助失明人士修复视力。

微控制直升机、意念控制机械臂、人工耳蜗……这些新奇的发明，让人工智能走进了人们的生活，甚至改变了生命的轨迹。

那么，未来的世界可能会是怎样的？

在未来的某年，每个人都会拥有一台3D打印机，你可以在任何地方打印你想要的物品，食品、服装、建筑、家具等等，它们都可以被打印出来；某年，纳米机器人能够让我们感受到完全沉浸式的虚拟现实体验；我们可以期望，人工智能将来到一个"奇点"，跨越这个临界点，人工智能将超越人类智慧，人们需要重新审视自己与机器的关系。那时候，人类将在与机器的共生共存中，开启一个新的时代。

美国发明家、企业家雷·库兹韦尔说："我们正迎来这样一个时刻，电脑将变得智慧，不只是像人类一样智慧，而是会远远超越人类。人类将会通过与计算机结合而获得'永生'，计算机智能将取代人脑，永久改变人类的命运。"

无论世界如何变化，可以肯定的，未来一定会诞生一些伟大的行业和企业。腾讯、阿里巴巴、百度、谷歌、Facebook、苹果等这些科技公司，都抓住了这波趋势。

2016年前后，国内一批领头的互联网企业，比如阿里巴巴、百度、腾讯，以及国外的一批科技企业，比如Facebook，都相继宣布进新科技领域。其中，Facebook明确表示，未来将重点开发的三大领域包括互联互通、人工智能（AI）、虚拟现实（VR）和增强现实（AR），并且很快推出了重量级的产品，朝着推动社交VR化等方向努力。最终，谁会在竞争中胜利，还要等待时间的检验。

新技术革命带来的不仅是产品服务的变化，还有营销方式、管理方式、组织方式等。比如，以前认为企业越大越好，但现在的公司规模在向小型化转型。比如海尔，以前7万多人，现在通过组织转型，企业精简到6万人左右，一共200多家小微企业。今后，灵活的小企业会越来越多，因为它们更能适应环境的变化。

从以上梳理可以发现，过去200多年来，每一次工业革命，都会引领一波经济浪潮，而其中的一些企业，会到达浪潮之巅，然后再捕捉下一个浪潮，为之后的腾飞做好准备。可以说，如果没有科技技术革命，就无法把浪潮掀起来。

有的人惧怕科技，惧怕改变，但科技真的可怕吗？如果你觉得自己是一个科技的拥抱者，你会觉得它是很好的。如果你不愿意改变，那么科技对你而言可能就是一个威胁，或者说毫无用处。

互联	数据	集成	创新	转型
互联工业4.0的核心是连接，要把设备、生产线、工厂、供应商、产品和客户紧密地联系在一起。	工业4.0连接和产品数据、设备数据、研发数据、工业链数据、运营数据、管理数据、销售数据、消费者数据。	工业4.0将无处不在的传感器、嵌入式中端系统、智能控制系统、通信设施通过CPS形成一个智能网络。通过这个智能网络，人与人、人与机器、机器与机器以及服务与服务之间，能够形成一个互联，从而实现横向、纵向和端到端的高度集成。	工业4.0的实施过程是制造业创新发展的过程制造技术、产品、模式、业态、组织等方面的创新，将会层出不穷，从技术创新到产品创新，再到业态创新最后到组织创新。	对于中国的传统制造业而言，转型实际上是从传统的工厂，从2.0、3.0的工厂转型到4.0的工厂，整个生产形态上，从大规模生产，转向个性化定制，实际上整个生产的过程更加柔性化、个性化、定制化，这是工业4.0一个非常重要的特征。

但现实是，能够生存下来的企业，一定是善用科技的。即便是一些传统的、稳定度高的企业，也只有利用好科技，才能更加高效，引领企业发展，否则也会被淘汰。那些高效能的，用新技术去提高效率的企业，其竞争力比那些固步自封的企业更强大。

比如，当大数据得以普及之后，很多以前没办法预测的事情成为可能，企业可以用大数据进行消费者行为分析、营销分析，甚至是股市预测、总统选举预测，又或者球赛结果的预测等等，这些在以前都是匪夷所思的，现在成为现实。大数据给人带来了信息优势，有了这样的"武器"，往往能够押对宝。

2013年2月，一部名叫《纸牌屋》的美剧引发了全球观众的热捧。该剧的巨大成功，使其制作商、流媒体服务商Netflix公司创造了全年4800万美

元的净利润，比2012年同期增长了500%。而在成功的背后，其实是大数据的功劳。

通过对观众观影习惯的数据长期积累和研究，Netflix根据观众的口味，改写了《纸牌屋》的剧本，包括之后的导演选择、主演角色，以及播放方式等，都参考了大数据的报告，并且以此为依据完成了整部剧的拍摄和放映。

观众的热情反应和财务数据的增长证明，大数据的布局起到了显著效果。会利用科技的企业或个人，将获得一种生存优势，也是极大的竞争优势。一个企业想要存活，如果顺应社会变革发展的话，是有可能的，但逆潮流而动的话，就没有未来。企业必须关注外部环境变化，不然被"干掉了"还不知道怎么回事。

有的人对于技术持怀疑态度，他们没有亲身感受，只是站在远远的地方去批判，这样的做法是不行的。的确，我们这个时代有很多技术，不可全用，但不可不用。技术是第一生产力，技术的创新是企业内部转型的第一驱动力，是技术驱动了其他价值层面的变化。

那些基业长青的公司，无疑是抓住了技术变迁，甚至获取了引领技术变迁的优势，才能够在潮流中顺势而为。其中，有的企业是踩准了一波潮流，却踩漏了另一波潮流，最后也以失败收场。

以手机为例，最早是摩托罗拉一枝独秀；数字机时代，诺基亚成为第一；智能机时代，三星、苹果、华为遥遥领先。在这个行业，至少经历了三波浪潮，但没有一家企业能在三个技术浪潮中独领风骚。

很多行业都是这样的行径规律，企业就像海中的冲浪者，能抓住第一个浪潮就很好了。但要想连续在多个浪潮中抓到机会，就非常考验企业的战略适应能力、高管层的领导力等各个方面能力。

制度变革是转型的支持

企业发展与制度变革有着深刻的关联，在中国这个政府力量强大的经济体中尤其如此，可以说每一波中国企业的发展，都和中国经济政策和制度变革有很大的关系。

简单来说，如果政府制定对哪个行业有利的政策，这个行业的相关企业就会发展得比较好。比如政府出台了一系列支持高新技术的政策，那么专注技术研发的企业就会有更好的发展前景。与之相反，如果政府颁发了不鼓励某个行业的政策，那么这个行业就面临整顿，如现在野蛮发展的互联网金融行业。

梳理中国在1949年之后的经济政策变化，就能了解到宏观政策对于企业的巨大影响。

从1949年到1952年，政府在没收官僚资本的过程中，一批含有公股公产的私营企业就成为公私合营企业。随后3年时间，私营企业在全国大经济体中跟跄前进，经历过原料不足、资金短缺、渠道混乱等诸多问题，同时还要承受自然灾害等不可抗力因素的影响。在多重打击之下，私营企业规模越来越小，技术落后，收益也越来越差。

1955年下半年，中国农村出现了农业社会主义改造高潮，农村个体和私有经济被消灭，私人资本主义工商业更加孤立。1956年，我国就基本上完成了社会主义改造。此后的20余年，私营经济在中国大陆基本上绝迹，许多以前的老字号变成了国有企业，中国不再有民营企业这个概念。

1978年，邓小平提出改革开放，中国重新调整经济政策。1984年1月24日，邓小平首次赴深圳特区视察，并题词："深圳的发展和经验证明，我们建立经济特区的政策是正确的。"在此之前，很多人对民营经济的发展还持观望态度，邓小平的表态相当于定了一个调子，于是出现了一批创业者投身经济建设。

1987年1月22日，中共中央政治局通过的《把农村改革引向深入》的决定中，才第一次肯定了私营经济。这个文件让一大批乡镇企业涌现出来，这些乡镇企业后来成为中国民营企业的代表。

1992年1月，邓小平第二次视察深圳，并发表讲话。这次谈话推动了中国的改革开放进程，又推动了一拨政府官员和科研人员下海经商，典型的陈东升（他也是"92派"这个词的提出者）、冯仑、王功权、潘石屹等，他们后来被称为"92派"企业家。

1998年，随着互联网商用化的逐步成熟，又有一大批互联网企业创办了，我们现在熟知的阿里巴巴、腾讯、百度、网易、新浪都创办于1998年前后。政府对互联网等新技术的支持，也极大地推动了这些企业的高速成长，现在炙手可热的商业领袖，比如马云、马化腾、李彦宏、丁磊都是那个时候开始创业的。

2011年以后，随着智能手机和移动互联网的逐步普及，又诞生了一批增长非常迅速的新锐企业，比如小米、滴滴、美团和今日头条等。2013年的"双创政策"也推动了一大批青年才俊出来创业，而且有些企业已经获得初步成功。创业犹如大浪淘沙，成功者永远是少数，但这些人中一定会诞生新的商业领袖。

从这一波波企业发展的历史来看，制度变迁和技术创新对企业发展的影响相当大，经济政策的好坏关系着每个企业的生死。

那么，下一个政策风口会是什么？我认为主要有三点：

第一，对知识产权的保护；

第二，资本推动创新和转型；

第三，高新技术的产业化。

对知识产权的保护

首先，在过去几年中国出台了一系列保护知识产权的法律，而且执行力度越来越大，这将会推动一大批高科技企业和知识服务企业的蓬勃发展。

曾几何时，中国并不重视知识产权的保护，只要有好的产品，不管是谁创造的，拿过来改一改抄一抄，就可以卖得很好，也没有人去保护创新和原创，还有人制造和销售假货，因此中国一度有"山寨大国"的恶名。这种政策有历史原因，当时中国和国外发展差距很大，简单的模仿就能获得巨大利润，所以企业缺乏创新的动机，而且也缺乏创新的能力，因此"山寨"大行其道。

现在，当中国成为全球第二大经济强国，中国企业与国外企业差距也在逐渐缩小，中国消费升级，模仿和"山寨"难以为继。企业只有不断创新才能获得新的竞争力，而且这个时候也有经济实力去做研发。与此同时，政府也在科学和技术研究方面投以巨大的支持，不仅投入了大量的资金去扶持高等院校、科研机构和企业，还出台了系列政策，鼓励创新，惩罚作假。

对知识产权的保护也催生了一大批文化企业的繁荣，比如对盗版影视作品和音乐作品的打击，就让这两个行业都迎来了一批新的发展机会，各种"IP"也变得值钱了，当从业者能从中获利的话，就会鼓励越来越多的人才涌入这两个行业，也会导致这些行业的蓬勃发展。

2014年5月，中国台湾作家琼瑶因认为古装电视剧《宫锁连城》抄袭自己的作品《梅花烙》，将该剧编剧于正及湖南经视文化传播公司等相关被告诉至法院。2015年12月，北京市高级人民法院对该案终审宣判，判决于正公开向琼瑶道歉，湖南经视文化传播公司等4家公司立即停止发行传播电视剧《宫锁连城》，各方共赔偿琼瑶经济损失及合理支出共计500万元。

再比如，华为公司分别在美国和中国向三星公司提起知识产权诉讼；著名作家金庸起诉青年作家江南侵权，索赔500万元；11名作家联合起诉《锦绣未央》作者秦简涉嫌抄袭；影视剧《三生三世十里桃花》被指未经许可使用著名昆曲演员单雯的唱段录音，涉嫌侵权……

正如大家所看到的，知识产权的法律纠纷越来越多，2016年，各级法院审结一审知识产权案件14.7万件，惩治侵犯知识产权等犯罪，起诉21505人。2017年政府工作报告指出，保护产权就是保护劳动、保护发明创造、保护和发展生产力。对于侵害企业产权的行为，必须严肃查处、有错必纠。

在政策的大力支持下，企业的自主创新有了切实保障。只有受到保护，才可能激励创新，不然大家为了更快地赚钱，就会去模仿抄袭。在这样的问题上，单靠企业自觉净化是很难解决矛盾的，国家政策和法律应当发挥相应作用。

简单地看，现在的公众号文章、头条号文章，都会有"原创"标记，只要有这样的标注，文章就不会轻易被盗走，这样的做法，也是在为保护知识产权贡献力量。一方面，创造者的自我保护意识在提高；另一方面，国家政策和社会层面的支持也到位了。只有这样，知识产权保护才有可能取得进步。

2014年4月，微软收购诺基亚手机业务，很多人以为诺基亚从此消失，其实它在通信业务和技术转让方面依然占据一定市场份额。诺基亚的技术部门经营着大量2G/3G/4G方面的专利技术，包括苹果、三星、HTC、黑莓、LG、索尼、摩托罗拉、华为、小米等近40家公司都需要向诺基亚缴纳专利授权费，2015全年利润同比增长102%。也就是说，诺基亚虽然没有了手机产品，但凭借大量的专利技术授权，依然拥有非常高的盈利。

2016年7月，日本软银以243亿英镑（约合人民币2155亿元）收购英国ARM公司。ARM是典型的知识产权供应商，它本身不直接从事芯片生产，而是靠转让设计许可由合作公司生产各具特色的芯片。这家公司设计了大量高性价比、耗能低的RISC处理器、相关技术及软件，全世界超过95%的智能手机和平板电脑都采用ARM架构。从ARM的例子可以看到，知识产权本身变得越来越值钱。

资本推动创新和转型

从软银投资ARM这个案例可以看到，一个新的趋势也变得越来越重要，那就是资本驱动企业的创新和转型。

风险投资作为一个行业也就70年左右的历史，不过，在这70多年的发展历程中，风投在创新创业方面起到了极大的推动作用。

世界上第一家"风险投资（Venture Capital，简称VC）机构"名为美国研究发展公司（简称ARD），是1946年在波士顿联储主席拉弗·弗朗得斯和哈佛商学院教授乔治·奥特的主持下成立的。乔治·多里奥，也因此被称为"风险投资之父"。这家公司用风险资本支持波士顿地区拥有科学家身份的企业家，帮助他们将科研成果迅速转化为市场广为接受的产品。

中国的风险投资概念也是从美国舶来的，1985年1月11日，我国第一家专营新技术风险投资的全国性金融企业——中国新技术企业投资公司在北京成立，这时候正值我国第一波创业热潮。1988年，我国批准了"火炬计划"的实施，创立了96家创业中心、近30家大学科技园和海外留学人员科技园，极大地推动了我国风险投资的发展。

尽管中国新技术企业投资公司在生存了13年后倒闭，但它是我国风险投资史上的重要里程碑。中国风险投资市场的完善，受到了国外成熟机构的引导。1992年，IDG资本进入中国。2000年左右，以软银资本为代表的风险投资机构相继进入中国。20多年的时间，这些国外风险投资机构在中国投资了许多创新公司，包括百度、腾讯、携程网等等，大型互联网公司背后，都有风险投资的身影。

风险投资对于创新创业的驱动力是非常大的，没有风险投资的支持，中国创新创业氛围不会那么浓厚。在企业成长阶段，资本发挥着供血的作用。而风险投资花费巨额资金，承担大风险去扶持一家企业，最终目的是为了在退出的时候获取高额的资本回报。

资本对企业的作用，正在不断扩大。2016年出版的《大合并漩涡》一书，对2015年、2016年集中爆发的互联网合并事件进行了观察和总结，认为资本在企业发展进程中起到了关键的，甚至是决定性的作用。那一年发生的多起并购事件，背后都有资本的力量在推动，而这些资本就是企业的金主——风险投资机构。也就是说，资本已经强大到能够决定公司的经营管理，甚至是生死，那些因为缺少风险投资资金补给的企业，很快就枯竭了。

这些年，创业企业不再像过去那样，通过四处借贷的方式凑齐创业资金，而是先写一份商业计划书，或者还有一个初步的成果，再去和风投谈，如果合作成功，就会有百万千万的投资给你做起步资金，我们称之为"天使轮"融资。在发展过程中，企业还可以获得正式的A轮、B轮、B+轮、C轮、D轮等不同阶段的投资，不断地获得资本的支持。

最近几年，随着企业并购潮的兴起，还有一批私募基金开始涉足企业的并购和转型。他们先是通过私有化或者直接并购该企业，然后对企业进行战略转型和组织重塑，最后通过整合的方式把这些企业卖出去，获得丰厚盈利。可以说在企业转型的路上，股权投资将会发挥越来越大的作用。

高新技术的产业化

在技术产业化的践行上，未来企业也有许多机会。

1939年，美国斯坦福大学副校长弗雷德·特曼指导两位学生在紧挨着大学的一间车库里建立了惠普公司，这个车库后来被加州政府宣布为硅谷发源地。1951年，特曼主导成立斯坦福研究园区，这是第一个位于大学附近的高科技工业园区。自此，硅谷效应开始发散，成为世界上一流创新企业的聚集地。

为什么硅谷会起源于斯坦福大学？因为斯坦福大学有良好的科研产品，具有产业化的条件。很多斯坦福的大学教授本身也是企业家，他们不仅有顶尖的科研成果，还擅于把想法变成具有市场竞争力的产品。同时，硅谷周边几所大学的大学生们，为企业发展提供了源源不断的智力支持。

技术产业化是一个知易行难的事情，不管国内外，技术产业化都是一个成功概率不高的事情。曾经在中国，科研和商业几乎是分开的，很多大学有大量的专利成果，但是真正能够商品化的很少。这是因为，一个技术从实验室里的概念构想，到工厂里的批量化生产，再到市场推广和运营，都存在巨大的鸿沟，能够连续跨过几个鸿沟的人寥寥无几。一个成功的发明者，不一定在商业上也会成功，需要团队合作的方式来进行商业化运作。

在技术产业化方面，以色列的经验值得推广学习。

在以色列特拉维夫及其周边卫星城市，汇聚了近5000家左右新创的高科技公司。由于那个地方位于以色列西部平原，濒临地中海，与美国西海岸的加州地理位置类似，被称为"SiliconWadi"，中文译为"硅溪"。这5000家左右新创公司几乎都在做新技术研发，每年有20%左右的周转率，即"消失"了20%左右，又新增了20%左右。这些"消失"的公司不一定都是失败的，除了失败的公司之外，还有些被大公司收购了，或者技术转让后组建了新公司。

这些新创的高科技公司的创始团队普遍规模很小，大部分在10人以内，技术研发阶段，会聘用很多兼职人员，降低初期起步成本。这些公司的CEO大部分都是MBA毕业，公司的CTO是技术的持有人。

这些新创的高科技公司往往选择一个没人涉足但又有明确市场需求的前沿细分领域，引领技术潮流。比如医疗器械领域，创业公司会从临床实际需求出发，自己创新性地去找到一个技术解决方案。一旦产品和技术研发成功，他们通常会直接把产品和公司卖给拥有现成渠道资源的大公司，而不是像中国的公司一样去做产品的规模化生产和销售，因为这些创业公司知道这不是他们的强项。

在出售自己的公司后，这些公司的创始人又会寻找下一次创业机会，重新踏上创业的旅程。他们是真正意义上的"连续创业者"，他们知道自己的优势是在于不断地创新产品和技术，而不是管理一家大规模的公司。

高校和科研院所附近的孵化器，能够在技术产业化中发挥自己的价值。其创业者大都是高校的老师和学生，孵化器可以通过提供办公场地、提供后勤支持，以及定期举办分享交流会，为这些创业者提供各种创业配套服务，让他们专注在自己最擅长的技术研发和产品化领域，并为技术转移和公司投资并购提供支持。

目前，国内的一些孵化器以及国家出台的一些引导基金，都在推动技术产业化。把科研成果和创新产品更好地结合起来，将是中国经济的下一个潮流。

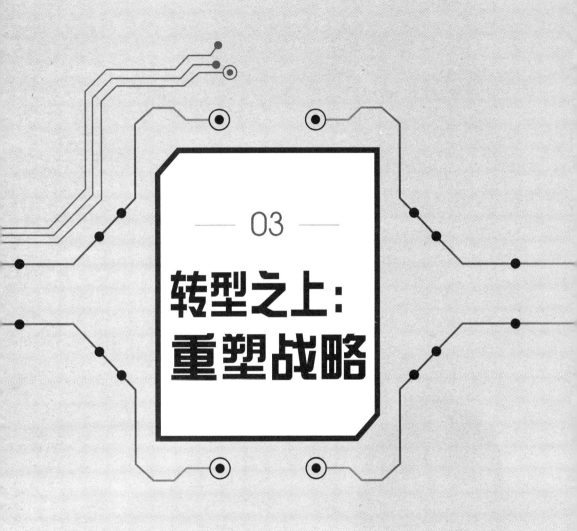

03

转型之上：
重塑战略

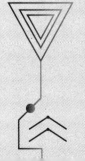

|▍ 一些小企业认为，每天辛苦付出，活下来最重要，战略是个可有可无的东西。而我认为，企业不论大小，都要有战略，或者说要具备战略思维。每一个战略都能决定企业的生死。

没有战略，就像没有方向，企业之船便不知道驶向何处。而利用战略梳理，能够帮助企业更快更准地找对路。

企业不管大小，总会面临很多选择。当企业家在面对这些选择时，应该如何取舍？这是战略的意义所在。在关键时刻，战略会指导你，什么该做，什么不该做。

随着公司的成长，战略也会发生变化。在互联网时代,短期战略变得愈加重要。尤其在企业转型期，企业会在许多短期战略的影响下逐步完成大战略目标的实现。运用优秀的战略方法和思维，能够减轻企业的不确定感，帮助企业及时调整，做出恰当的战略决策。

阅读前思考的问题：

1. 你所经营的企业执行过怎样的战略？

2. 战略规划有哪些要素？

3. 战略的作用是什么？

4. 如何做好战略执行？

什么是战略？

为什么要讲战略呢？因为在商业模式中，最核心的是客户的价值主张。这里有四个部分：第一要知道谁是客户？第二，要解决客户什么问题？第三，用什么产品服务去解决客户的痛点？第四，在同样的产品服务中间，你有什么独特的竞争优势？这几部分企业家有清晰的回答，才可能有独特的战略。

如果战略不对，会做很多无用功。战略是一个必要而非充分的条件，战略不对，落地很难。战略对了，成功的概率更高。

那么，战略是什么？战略就是选择做什么。舍得舍得，有舍才有得，在分工越来越细化的时代，选择"不做什么"比选择"做什么"更重要，甚至已经成为企业发展的关键。有些企业，不能平衡好"得"与"失"的关系，往往是什么都做，从产品研发、采购、生产制造到销售，只要认为有利可图就都想涉足。最后企业规模做得很大，但利润率却不高。

在战略的学术定义上，我倾向于认同哈佛大学商学研究院著名教授迈克尔·波特的解读，战略就是企业在各项运营活动中，建立一种配称。这种配称，能够让企业建立一种独特的可持续性的定位和竞争优势。

这句话有两个概念，战略要有独特性，要与众不同，如果没有与众不同的差异化，就没办法和市场同行建立区别，也没有竞争优势。第二，差异化是由一系列运营行为组成的，战略不只是方向目标，而是路径上的各种小目标，以及相应的达到目标的路径、运营行为之间的匹配。波特认为，如果各项活动之间缺乏配称，战略也将失去独特性和可持续性。

在学术领域，战略有很多流派，最流行的主要有两种。

第一个流派是波特提出的基本竞争战略（Generic Competitive Strategies），第二个是由欧洲工商管理学院的W. 钱·金（W.Chan.Kim）和勒妮·莫博涅（Renee Mauborgne）提出的"蓝海战略"。可以说，这两大理论奠定了当今企业战略制定和执行的根基。

竞争战略

波特认为，市场有三种基本的行业竞争战略：第一种是差异化战略，第二是成本领先战略，第三种是市场细分战略。企业必须从这三种战略中选择一种，作为其主导战略：

第一，把成本控制到比竞争者更低；

第二，在企业产品和服务中形成与众不同的特色，让顾客感觉到你提供了比其他竞争者更多的价值；

第三，企业致力于服务于某一特定的市场细分、某一特定的产品种类或某一特定的地理范围。

差异化策略是指，企业能创造出别人造不出的东西，自身产品服务具有独特性，而且品质优秀。典型代表是苹果和特斯拉，它们能创造独一无二的产品。这两种都是偏高端，含有技术含量的产品。以研发设计见长的、技术创新驱动的企业，通常采用差异化策略，来实现高盈利。

第二种是成本领先，在大众日用消费品领域、零售企业运用得比较多。这些消费品本身的同质化很强，所以要比拼价格。这就不可避免地涉及创造成本优势。我们的很多家电企业，都是通过运营的精益求精，做到成本领先，使得价格极具竞争力，以此获得成功。

第三是细分市场，通常是指在很多大公司看不上，市场份额很小的领域默默耕耘，成为这个行业里的领军者。市场中大量的隐形冠军，就采用的这种战略。比如，纽扣行业第一、打孔机第一、帽子第一、吸管第一、汽车零部件第一等等。这些公司普遍不大，大多不超过100亿规模。它们所在的市场也不会很大，但在领域里有独特的支配地位。

基本竞争战略涵盖的三种类型，不能说哪种好或哪种不好。不同的公司、不同的行业，采用不同的战略，都能够获得成功。

丹麦有一个品牌叫作VIPP，它是从垃圾桶设计生产起家的。1939年，一位名叫Marie的女人开了一家美发店，她想要设计师丈夫Holger Nielsen设计一款垃圾桶放在店里。Nielsen送给了妻子一份漂亮的礼物，发明了第一个脚踏式垃圾桶，并取名"VIPP"。

不久后，这家设计制作垃圾桶的公司正式成立，发展成为丹麦国宝级卫浴品牌。VIPP在发展过程中采用了差异化战略，为顾客营造了一种高贵的感觉。比如，他们用橡胶软垫包裹桶边，减少开关阖盖时的声音，还可以更好地隔绝垃圾异味。在服务上，垃圾桶的任何一个部分如有损坏，都有配件可更换，以此保证长久使用。

在差异化策略的作用下，VIPP创造了极高的利润。一款不锈钢材质的经典款垃圾桶，售价超过2000元人民币，是普通垃圾桶价格的几百倍。尽管如此，VIPP高贵的气质和独特的设计还是仍然吸引了大量的追捧者，并且成功开辟了多种卫浴产品，比如马桶刷、皂盒、玻璃漱口杯、备用纸架、沐浴剃刀等。这些看似不起眼的生活产品，经过VIPP的打造，成为北欧的经典设计，并被丹麦博物馆所收藏。

在成本领先策略上，沃尔玛擅长此道。沃尔玛超市之所以能够给顾客提供最低的价格，是因为它想尽办法在整个系统的每个环节降低成本，包括仓储、物流、采购、销售、信息管理等各个流程。如此多繁琐的流程，沃尔玛能够完成系统性的成本控制，包括沃尔玛的企业文化，都是为控制成本服务的，而这正是其他公司做不到的。

再比如，麦当劳快餐厅，在全球拥有上万个店面，这些店面从外观到食品再到配送，都是标准化的统一运作。这一整套流程，让麦当劳拥有了绝佳的成本优势，支撑它能够在世界各地开店，并且盈利。当然，成本领先的优势固然不错，但随着经济的发展和资源的开放度增强，企业之间的成本差距越来越小，你能做到的价格，我也能在很快时间内达到。

有一天，成本优势减弱了，企业该怎么做呢？麦当劳选择了加入差异化竞争策略。非常直观的表现是，在麦当劳快餐店中，加入了McCafe新品牌，提倡快速鲜煮咖啡概念，以此区别于普通的快餐店，走平价咖啡路线，也就和星巴克区别开来了。当然，麦当劳并没有在全部门店内开辟McCafe区域，而是先局部试点，再扩散到更广的范围。曾有外国媒体报道称，在澳大利亚，附有McCafe的麦当劳门店，平均比普通麦当劳门店增加了15%的营业额。

尽管人们对于McCafe的评价褒贬不一，但从战略来说，这无疑是麦当劳的一次正确选择。

在细分市场战略的设计方面，有更多有趣的现象。比如，曾经风靡全美国的五分钱电影院（NICKELODEON）就特别有意思。1905年6月，美国第一家五分钱电影院在美国宾西法尼州匹兹堡开业。这家电影院名字就体现了它的特点，聚焦低端市场，让以前看不起电影的人只用花五美分，就能享受电影的魅力。开业后，五分钱影院的成功超乎预期。每天从上午到晚上，电影院近100个座位座无虚席。尽管单笔收入只有五美分，但现金流动快速，盈利也很丰厚。

某个行业内的隐形冠军通常使用的就是细分市场战略，深根一个市场，达到其他公司难以超越的高度，并且一路引领行业水平。隐形冠军公司一开始往往针对"缝隙市场"，一旦在细分市场建立质量优势，就会不断加大研发投入，通过创新扩大领先优势。

比如，一家名为克莱斯的公司，专门生产管风琴，他们只有60多个员工，年营业额只有600万欧元，但世界最负盛名的歌剧院或教堂的管风琴都由它独家制造。德国豪尼公司，是全球唯一一家能够提供全套卷烟生产系统的企业，在高速卷烟机械市场上拥有90%的份额，但是这个品牌鲜有人知。

再比如德国伍尔特公司，只生产螺丝、螺母等连接件产品，却在全球80个国家有294家销售网点，仅在中国就在20多个城市建立了销售分公司。其产品的应用上至太空卫星，下至儿童玩具，几乎涵盖了所有行业领域，年销售额达到70多亿欧元。

在德国，有上千家这样的隐形冠军企业，这和德国本土的消费者意识和生产是分不开的。许多德国人，对隐形冠军品牌有高度的信任，只要能消费得起，就会购买价格相对更高的隐形冠军品牌的产品。反过来，这些隐形冠军的成功也是被消费者们的高要求磨砺而成。

2015年，胡润女富豪榜的发布将周群飞推到了舆论面前，她以500亿元的身家，成为"中国女首富"，外界也喜欢称她为"全球手机玻璃女王"。周群飞领导的企业蓝思科技，是电子设备视窗防护玻璃领域的"隐形冠军"，与苹果、华为、三星等有着密切合作。

2003年，周群飞以技术和设备入股与人合伙，成立蓝思科技公司，专注手机防护视窗玻璃的研发、生产和销售。在此之前，她是一个小有名气的手表玻璃供应商。在手机领域，周群飞用玻璃面板替代了传统的有机玻璃，掀起了一场手机玻璃革命。

占领手机玻璃的细分市场后，蓝思科技持续创新，每年研发投入超过销售收入的5%。多年来，蓝思科技从2D到3D，实现工艺技术的持续创新；从普通玻璃到蓝宝石、陶瓷材料，实现原材料上的持续创新。由此，才一直处于行业顶端。

对于基本竞争战略，波特提出，这三种战略架构上差异很大，成功地实施它们需要不同的资源和技能，而且这三种战略只能选择一个，不能混合使用。也就是说，运用差异化战略的公司，无法同时实施成本控制战略，前者是利用差异化寻求更高的价格回馈，而后者是用一切办法降低成本，取得高性价比，两者本身是互相冲突的。在波特的理论里，要与众不同，就是高成本的。要成本领先，就很难与众不同。

蓝海战略

2005年，欧洲工商管理学院的W．钱·金和勒妮·莫博涅两位教授提出，我们可以从价值感知的层面去重塑战略，让差异化和成本领先兼得。他们把通过降价、争取效率等手段进行竞争的现有市场称为"红海"，而将由价值创新开创的、无人争抢的市场空间称为"蓝海"。

针对市场细分战略，蓝海战略认为，不能一味地细分市场迎合顾客偏好，而是要合并细分市场，整合需求。在蓝海战略中，现有市场顾客不是争夺目标，它关注的是开辟新战场，培养那些有潜在需求的顾客更具价值。

比如，我们可以把产品给顾客的价值感知分为很多维度，然后去比较市场同行在每一个竞争维度的优势，通过价值链的增加或减少，去创造全新的产品。对于那些顾客价值感知度很低但成本高的环节，就控制成本。而对于客户感知度高的环节，就增加成本的比重。

如此，通过对价值感知度不强的环节削减去降低成本，通过增加或者完全创新一个新的价值主张，甚至创造前所未有的新体验，让消费者感觉到差异化。这样一来，差异化战略和成本领先战略就实现了兼得。

1960年以前，美国摩托车市场主要由英国BSA公司、美国胜利公司、美国诺顿公司等垄断。在小型摩托车市场上，美国产库什曼摩托车占其市场份额的85%，这种摩托车曾是美国在二战期间的战时用车。

当时，美国摩托车市场的规模非常小，骑行者主要是警察、军人、摩托车爱好者，还包括社会上一些不良青年。从市场调研和咨询建议的角度来说，美国摩托车市场不值得企业投资。然而，本田却认定了这个小市场，他们在美国的第一款产品，不是汽车，而是一种体积小、重量轻的小型摩托车。在消费者定位上，本田认为消费者"并不是那些已经拥有摩托车的人，而是那些以前从未想过要购买摩托车的人"。

就像美梦成真一般，本田汽车打开了美国的摩托车新市场，在美国打响了品牌。之后，雅马哈、哈雷、川崎等公司相继加入竞争，投入昂贵的营销战，都没能战胜丰田。在美国小型摩托车市场，本田前期通过细分市场的策略打开了新市场，创造了很高的经济壁垒和品牌认知壁垒，后来在同质化产品暴增时期，它又以优越的成本优势坐稳了第一的位置。

打开蓝海市场的开拓者，不仅能占据消费者心中第一的位置，而且更容易成为行业游戏规则的制定者。苹果就是一家典型的利用蓝海战略行动的公司，它曾经是一家PC厂商，通过一系列蓝海战略行动，以市场新入者的身份，推出iPod、iTune、iPhone、iPad等产品，打败了在红海市场排名第一的索尼、诺基亚等公司，实现了自身盈利提升，并重振了日渐衰落的消费电子行业。

我个人认为，中国转型期的企业更适合蓝海战略，以巧妙的创新方式撬动企业，实现轻盈地转型。波特的理论，以及艾·里斯（Al Ries）与杰克·特劳特提出的定位策略，则更适合红海竞争中比较稳定的企业。

蓝海战略有两个重点内容，需要大家谨记：

第一，技术创新不是决定性因素。开辟蓝海市场所运用的技术通常已经存在，它或许是多个已有技术的综合，创新者只是将这种技术与客户看重的价值联系起来。比如第一代iPhone手机，就是将iPod技术、手机通信技术和服务结合为一体。

第二，既有企业在开创蓝海市场方面有优势，而且通常是在自己的核心业务之内。比如本田汽车，它本来就拥有汽车核心技术。

与此同时，"实施蓝海战略的风险不比红海战略低""红海战略和蓝海战略可以兼施"，这样的观点也需要提醒大家。对于转型企业来说，一方面要运用红海战略的方法、工具在已有市场中竞争，最大限度地利用这片市场、增加现金流；另一方面，运用蓝海战略的方法、框架、工具，开创新市场空间，以开启未来获利和增长的潜力。

什么是好战略？

每个战略都有其存在的价值，各自拥有适用的语境，没有绝对的选择。只有学会灵活运用，才有可能使其在企业转型中发挥作用。话虽如此，还是会有很多人问，到底怎样才是一个好战略？回答这个问题之前，我们要先回到一个更根本的概念——企业是什么？

对于企业的看法，通常有三种：

第一种，是站在资本的角度解释企业，认为企业是创造权益的组织，核心目的是为股东创造更多的利润，这是在许多商学院主流的观点。

第二种理解，是从客户角度来说的，以德鲁克为代表的研究者认为，为客户创造更多的价值，是企业的终极目标。华为创始人任正非也常提，企业存活的目的就是为客户创造价值，如果不能为客户创造价值，那么企业就没有生存的必要了。

第三类强调的是为员工服务，认为企业的存在是为了让员工活得更好，这样的公司会采用终身雇佣制，把员工放在第一位，客户和股东都排在后面。这样的理解在日本公司较为流行，而且为战后的日本经济做出了极大的贡献。

　　"终身雇佣"、"年功序列"、"企业工会"[1]，这三样维护员工利益的规则被称为日企的"三大法宝"。二战后，日本劳动力严重缺乏，国民安全感缺失，人心动荡，有了这些保障措施，满足了人们对于稳定的追求，促使日本进入经济飞速发展期。

　　第四种比较流行的解释是，企业存在的目的是为了尽到企业的社会责任。联想集团创始人柳传志就常说，要实业报国。多年前，柳传志就为联想制定了这样的企业发展愿景：我们希望能够以自己的努力实现"产业报国"的心愿，希望做一个"值得信赖并受人尊重"的公司，希望在"多个行业拥有领先企业"，还希望能够有"国际影响力"。

　　各种不同的解释，容易让人陷入谁对谁错的纠结，其实在我看来，这些话都没有全错，但都不够完整。这几个概念，不是对错的问题，而是你是否能做到兼容并蓄，都有考虑。因为不管是股东、客户、员工，还有整个社会，都是一个企业的利益相关者（stakeholder）。意思就是，在企业的运营中，会跟企业有相关的一些群体密切关联。这里说的群体可能是股东，也可能是客户或者员工，或许每个企业的侧重点不同，但其实都有涵盖。

　　所以说，站在高处来看，一个企业的战略是包罗万象的，它要能够涵盖战略相关的运营行为，不只是一个目标那么简单。如果要构架战略，就要审

1　"终身雇佣"，即公司雇佣员工一辈子。在该体制下，企业直接从大学毕业生中招人，然后进行培训，员工被录用后从最基层做起，若员工没有违反企业制度，没有给企业造成重大的损失和麻烦，也没有主动递交辞呈，员工将可以在该企业工作至退休。
　　"年功序列"，讲求论资排辈，员工的基本工资随员工年龄和在公司的工作年数而增加。
　　"企业工会"，指在企业里成立工会，这个工会代表员工和企业交涉薪资和晋升，同时也照顾员工从入职到结婚、养育小孩等各方面。

视市场环境的变化，第一发现新的消费者需求；第二要去制造有竞争力的产品服务，满足市场需求；第三，要和同行建立差异化的竞争优势。三者缺一不可。

这时战略制定要有两种视角。第一是市场的视角，第二是能力的视角。市场视角，是由外而内的，是指一个企业得以存在的优势、差异，可以满足哪些需求。第二种，是看自己的能力，是否具有充足的人力财力和物力，有能力在市场里获胜。

很多企业，看到了机会，但机会和能力不匹配，没有足够的资金，没有与机会匹配的内部团队和外部资源等。那么，它即便看到了机会，也抓不住机会，有种力不从心的感觉。所以说，好的战略一定同时满足几个条件。第一是有市场需求的；第二，企业的各方面能力足够；第三，和同行的差异化。这三方面的交集，就是一个好战略。

重塑商业模式

对任何企业而言，运营体系都可以分为四个层级：

第一层级是财务。从股东来说，企业核心目的是为了获得更高的资本回报，降低成本，提升收益，提高资本利用率。

第二纬度是从产品层面，要有更高的收入，就需要更有竞争力的产品，在产品的成本上去降低。做更好的产品，要从产品的研发、制造工艺，产品的设计方面有一套完整的流程。信息化系统设立，质量检查等方面，从而降低成本。

第三是资本的杠杆，比如上市，将自由资本放大，提高资本的利用效率。

第四，人力资源层面，所有的事情都要落实到人来做，这也是企业转型期和成长期最大的挑战。这些人的能力、态度，能不能把事情做到领先，组织的制度流程，企业文化是否支持，这些都非常重要。

通过这样的战略地图，可以把公司在所有经营管理中的问题都梳理出来，各个环节的关系有完整认识。这样，我们可以知道问题的痛点在哪里，如何去发力。这就像一个人的身体一样，脸上起一个黄褐斑，以为是皮肤的问题，但也可能是内脏的问题。知其然知其所以然，对症下药，找到关键的发力点，才能有正确的行动。

因此，无论是传统企业还是创业型企业，在转型的时候，都需要重新梳理自己的商业模式。梳理不是重建，而是用方法论给公司的价值做一个重新评估。比如，我们是如何创造价值，传递、获取价值的？这些问题需要梳理弄清楚。这相当于是一个商业模式分析和描述工具，而不是战略制定的工具。

梳理商业模式，是为了让管理者对公司的方方面面有一个完整的认识，认识各方面的关系是什么。目前，很多企业建立了商业模式，确定了战略目标，却很难落地执行。因为他们只有目标，没有路径，也没有资源的支持，更没有运营体系支持，很多事情就只是一个目标想法。这样的战略地图可以用来看，但是无法用来打仗。

波特曾经在1979年发表过一篇名为《竞争力量如何塑造战略》的文章，他在文章中提出，现有竞争者之间的对抗、新进入者的威胁、供应商议价能力、买方议价能力、替代产品或服务的威胁，是塑造战略的五大力量。通过对这五种力量的分析，企业可以清楚地理解行业的盈利能力会受到哪些因素的影响。由此，可以提前预测行业趋势和变化，并迅速地利用起来，指导战略转型和规划，规避这些制约利润空间的障碍，重塑那些可能阻碍发展的力量，使之为己所用。

你的竞争对手是谁？客户是谁？可替代者是谁？供应商是谁？合作伙伴是谁？你和他们分别是什么关系？你在哪里打这场战争？只有搞清楚这些问题，你才有可能找到一个比较有利的战略点。

那么，再具体一点，重塑战略的时候有没有框架作为分析指导呢？的确有。我们通常把商业模式分为四大板块，每个板块下面有子项目，一共十个维度。板块与板块之间，要素与要素之间相互作用的时候，能够较为清楚地梳理和重塑企业的商业模式。

创造价值	产品	服务	
传递价值	市场营销	销售渠道	
支持价值	关键资源	组织构架	制度流程
获取价值	成本结构	收入结构	资金周转率

重塑战略框架图

创造价值

产品服务方面，企业需要进行不断的测试调整，创造有差异化和竞争力的产品服务。有的产品，根本不是市场所需求的，而是一种虚假的"自嗨"的概念，很多O2O就是，其实客户根本没需求。还有一些是确实有市场需求，但铺天盖地到处都是，比如团购，虽然有需求，但门槛太低，同质性太强，竞争优势会很快丧失。

对于产品服务的创新追求，是一条永无止境的道路。面对更新迭代速度的加快，企业一方面要坚持品质，不忘初心；另一方面又要随时调整，满足甚至引领用户的新需求。

传递价值

在营销层面，要想知道用怎样的方式去影响消费者，就要搞清楚：具体的消费者是谁？他们平时通过什么方式去了解获取信息？你用什么渠道去影响他们？哪个渠道的效果最好，性价比最高？这些方面，企业家需要做全方位的思考。

以前，更多利用口碑宣传，后来就靠打街边广告，再到报纸、电视、广播，然后再是利用微博、微信、网站等平台。媒介没有绝对的好与不好，需要你去尝试，每个行业、每个企业各有不同。营销拼的是有效性，你能不能让你的客户更快更精确地知道你、认可你，产生购买的愿望，最终达成交易，是市场营销很重要的评判标准。

如今，互联网媒体发展快速，抢占了传统媒体的市场，而传统媒体的效果也的确在不断下降。由此，许多客户纷纷抛弃传统媒体，转向新媒体营销。在这样的情况下，很多人认为，传统媒体即将消亡了。不过，在我看来，新旧媒体其实并没有本质上的区别，新旧媒体的读者都是一个个特定社群。我们不该把传统媒体只当作一份报纸，而是当作一个社群。只有把信息放置于对它感兴趣的人群里，它才会发挥应有的效果。

在互联网时代，我们要在了解目标消费者之后，用他们常用的媒介去影响他们，而不是片面地去评判媒介的优劣。2012年，品牌名为"褚橙"的一种冰糖橙成为全国爆品，它的引爆就是从传统的报纸开启的。通过《新京报》《经济观察报》《中国企业家》杂志等传统媒体的报道，褚橙在一夜之间收获了无数眼球，成为当年供不应求的水果。

该品牌的策划人胡海卿在《激活品牌》一书中说，企业家和"褚橙"所倡导的"人生总有起落，精神终可传承"的价值观精神能够产生共鸣，而且"褚橙"的种植者褚时健，也是这些企业家的精神榜样。企业家群体，是褚橙的第一目标消费者。选择《经济观察报》和《中国企业家》杂志作为媒体宣传阵地的原因在于，这是企业家们爱看的媒体。

渠道也是，不论是分销制，还是直销制，代理制还是加盟制，各有各利弊。企业无需在选择电商还是线下、实体还是零售等这类问题中间纠结，其实渠道没有绝对的好或不好，而是和场景有关。比如对于那些需要高体验感的产品来说，线下比线上优势更强。还有服务类的，也以线下为主，比如餐厅、娱乐活动，一定是线下更好。

企业需要去琢磨的是，哪一个渠道更能够给消费者带来更好的用户体验，而且能以更低的价格获得优势。几年前，电商成本低，具备优势，淘宝上开店都是不要钱的。但随着互联网的普及，电商运营成本正在走高，尽管没有门店费用，但营销、仓储和物流也是不小的成本投入。

2012年12月，在CCTV经济年度人物颁奖盛典上，马云与王健林就"电商能否取代传统的店铺经营"展开辩论。两人打赌，到2020年，如果电商在中国零售市场份额超过50%，王健林将给马云一亿元人民币，反之，马云输给王健林一个亿。外界把这次打赌称为"传统商业跟互联网电商之间的正式宣战"。

但现在看来，这个赌，很难说谁输谁赢。从纯电商来看，整个电子商务比重也只占中国零售比例10%左右，远远不到50%，这个意义上，马云输了。但目前的新情况是，线上线下合流了，通过线上引流，获取信息，再在线下消费。马云也说了，新零售时代，纯电商必死。未来，线上线下必须结合起来，而物流本质是消灭库存。

支持价值

商业模式中的关键资源，包括人力资源、资金资源、技术专利资源、品牌资源等等。这是企业"打仗"时候的组织人力和装备，如果没有资源，很难把产品有效交付给客户。组织构架，是指怎样用一种好的方式把资源能够更加高效地运用起来。比如是雇佣制还是合伙制？组织结构是多层的金字塔，还是网状，或者是矩阵式？不同行业的企业，业态不一样，关键看效率是否足够高。

制度流程，关键是看大家能否有效形成合力，去提升整个企业运行的效率。要考虑如何让制度流程更好地去激励员工，而不是遏制大家的创造力。未来，流程精简化是一个趋势，因为流程越复杂，内耗就越多。

获取价值

不同企业的成本结构不一样，包括直接成本、间接成本、规模经济。成本结构主要取决于实施商业模式所需关键资源的成本。[1]

资本运营效率，是指资金的周转率。比如快消品，毛利低，但它的周转足够频繁，所以资本利用效率比较高，甚至能够超过高毛利的奢侈品。另外就是资本杠杆，有的公司通过借债、融资，让公司早期就有很好的现金流，通过早期投入，获得更快的扩张，增长的效率高于传统用自有资金发展的企业。

同一个行业，两家公司，年销售都是30亿，年利润率20%，那么一年就能赚6亿元。如果其中一家企业上市了，那么按照目前中国资本市场平均PE值40倍来计算，6亿的利润，市值就是240亿。如果这家企业让出20%的股份到市场，就能谋得48亿资金。这相当于另一家企业每年赚6亿，要用8年的收益，才会有这些钱。在资本市场融资的这家企业，可以提前用筹得的资金去做厂房、营销、扩张，8年后的成果会不一样。

资产证券化，能够增加资本的流动性，增强运营效率，这是企业需要重点考虑的。但与此同时，资本市场也是有风险的，这是一整套的专业系统运作，需要专业化的操作执行。

1　[美]迈克尔·波特（Michaeal Porter）、[美]吉姆·克林斯、[韩]W. 钱·金等：《重塑战略》，第1版，陈媛熙、陈志敏等译，北京，中信出版集团，2016年：第128页。

案例一

腾讯战略调整

腾讯从创业至今，近20年时间，期间经历了多次战略调整。在这些年里，腾讯的战略从无到有，从不确定到成熟，经历了转型，也遇到过坎坷。

一开始腾讯只是个即时聊天工具，这种状态从1999年创立一直到2003年，这时候的腾讯是一家产品类／工具类公司，它所思考的问题是如何在即时通讯里占领第一，将QQ打造为爆品，并且靠QQ带来的流量赚到更多的钱。

在这个阶段，腾讯可以说没有什么大战略，马化腾做的一切努力都是围绕产品而来，公司没有框架，也不需要多么清晰的制度规范，企业文化更是无从谈起。

第二阶段是从2003年到2010年，这是腾讯的战略发展期，它从一个产品公司变成了平台类公司。这几年时间，腾讯利用流量优势，在全国跑马圈地，几乎进入所有与互联网有关的领域。门户、游戏、娱乐应用，什么火就做什么，采用的办法大多是看到一种新产品，就去复制一个类似的产品，然后利用自己的流量优势干掉市场的先行者，自己当"老大"。这样霸道的行径，给腾讯招来许多负面评论，被称为"创业者创新者的杀手"、"抄袭大王"等，导致企业不受人尊重。

第三阶段是从2011年至今，腾讯在这个时期里，真正成为一家生态型公司。2010年7月，《计算机世界》刊登了一篇题为《"狗日的"腾讯》封面头条文章，详细叙述了联众、奇虎360等公司与腾讯之间的恩怨情仇，说腾讯是山寨模仿，是贪婪的傲慢帝国。尽管腾讯发表声明谴责了《计算机世界》的言辞恶毒、插图恶劣，但这篇文章给腾讯内部带来了极大的冲击。

意识到问题严重性的腾讯是很痛苦的，大家觉得我们并没有做错什么，为什么别人会骂得那么难听。腾讯的形象难道已经如此差了吗？更可怕的是，公司竟然没有察觉到。后来，腾讯就请了很多业界领袖，帮忙诊断腾讯，找关键问题，寻找解决办法。很多专业人士给出了友好的建议说，腾讯现在越来越大了，不要去争夺、洗劫，更不要扼制创新，而是应该开放、合作，并强调原创创新。

如果说前两个阶段的腾讯战略都是自发形成的，那么在第三阶段，腾讯的战略是有意识的自我革新，是一次彻底的战略转型过程。通过几年的时间，腾讯战略逐步走向了成熟，完成了马化腾所要求的"慎重、彻底、完整的转型"。

2011年1月21日，由张小龙带领的腾讯广州研发中心产品团队推出微信产品，这是腾讯推出开放战略后做出来的重磅产品。有人说微信是模仿国外的，但其实很不一样。微信算是一个本土创新的产品，原创力度很大，比LINE、WhatsApp好很多。

在其他领域，腾讯不再打压别人，而是通过并购等方式与他人合作，用新的态度支持创新。腾讯之前也做电商，比如拍拍网、QQ商城等，做了很多尝试，但是效果不太好。2014年的时候，干脆放弃自己做，转而投资京东，把原有的电商部门作为"嫁妆"给京东。通过帮助别人做大，自己占股的方式获利，开创了双赢局面。

也是在2011年，腾讯成立腾讯基金，投资那些有发展前景的小公司，给它们相应的流量支持。短短两三年时间，腾讯基金的投资规模就超过了100亿元，投资项目超过200个。五年时间，腾讯通过投资，成就了30家上市公司，注册创业者超过600万，合作伙伴实现总收益达160亿。在投资方面，腾讯也拿出了当年跑马圈地的气势，速度快、规模大。

内容方面也是，腾讯对内容开发者开放，保护他们的权利，为他们提供盈利的平台，提供流量支持，让双方都能有所得，共同生存壮大。通过各种开放的方式，腾讯从大家的敌人，变成了朋友。2012年，腾讯的市值是400亿美金左右，2016年已经是2000亿美元规模，四年时间涨了五倍。

企业作为一种社会形态，就算规模再大，在社会中都是很小的。没有企业可以做到通吃，所以企业要有开放心态，合作共赢，才能持续发展。在开放战略的引领下，腾讯建立起了生态系统，越来越多的相关者，依附于腾讯生态生活。

生态实际上是一家公司占领绝对垄断优势地位之后，利用垄断优势去整合外部资源，由此慢慢形成的，绝不是早期规划出来的。这样的公司，一定是在整个生态中具有支配地位，具有庞大市场影响力的公司。

目前，真正有能力建立生态系统的公司是少见的。生态系统是企业和企业之间自然形成的，不是故意为之。所以说，当一个创业公司说，我们要做生态，这是很不靠谱的。创业者是要去找一个利己市场，在一个小领域做到第一，然后有可能成为一个平台，继而形成生态，这才是生态的自然路径。

比如腾讯、阿里巴巴，能够称为商业生态系统，因为它们掌握了庞大的流量入口，通过并购、投资、合作等方式对外整合这些资源（流量），能让整个产业链、价值链之间为客户服务。

腾讯从QQ起家，是一种即时聊天工具。当有一亿人都用这个工具的时候，它在想我要用这一亿用户做什么。所以开始尝试做游戏、建立门户网站，后来还有一些娱乐产品，都是基于流量。做微信，也是基于流量。在微信基础上，又去做整合资源的事情。慢慢地，腾讯生态成形了。

从目前情况来看，腾讯的开放战略仍将持续发展，而且会朝着更深层的生态和连接变化。马化腾在多次讲话中谈到连接和生态的重要性。他认为，"互联网+"的模式应该是去中心化，而不像过去是一个集市。未来是去中心化、场景化的，千人千面，每个人需求都能实现。这样的话，才能最大限度地连接各行各业，能够将在自身垂直领域做出成绩的合作伙伴进行整合，这样生态的力量才是最强大的。

在腾讯成长的过程中，经历过多次的战略转型，尤其是2011年提出的"开放战略"，让腾讯达到了新的顶峰。我们可以看到，一次战略的转型，需要耐心坚持，需要多年的时间去落地执行，如果没有强大的执行力，战略就只是一句美丽的空话。一个好的战略，能够指挥团队朝着正确的方向进攻，让团队的艰辛付出得到理想的回报。只有这样，企业才会屹立不倒，才可能实现存在的价值。

名创优品如何重塑商业模式？

2013年11月1日，名创优品第一家店在广州开业。随后，这家"十元店"火遍了全国，以火箭般的速度扩张。截至2015年年底，名创优品在国内外开了1400家门店，其中国内达到了1200家，员工将近2万名，营业额突破50亿元。2016年年底，国内门店数量达到1800家。

在短时间内创造了如此庞大的规模，名创优品成为近年来在中国市场异军突起的一个典型案例。

如何在中国众多的"十元店"中成为第一？如何搭上中国消费的升级的浪潮？这是名创优品创始人叶国富在海外考察时思考的问题。日本的200日元店，美国的美元店，都相当于中国的"十元店"，它们在当地卖得很好。

那么，在中国市场，怎样做到更高的性价比？名创优品做了一个组合，来解决这个问题。他们运用日本的品牌形象设计风格，加上中国的制造能力，做出了全新的产品。全球设计＋日本品牌＋中国制造＋中国市场，这是一次很好的价值组合。

我们研究认为，它的创新商业模式造就了它的成功。

1975—2000年，在成功晋级《财富》全球500强的27家企业中，有11

家认为其成功的关键在于商业模式创新。正是通过商业模式创新，它们或改变了原来的行业格局，或创造了全新行业。但是，商业模式创新的困难是众所周知的，有的人无从构架，有的人无法落地，能够从中获利的，少之又少。

这样一来，分析名创优品显得更具价值。这家企业在产品、营销渠道、组织、成本结构等多个环节都进行了重构，并且拥有关键资源予以支持，才在转型期实现了快速发展。

产品服务

名创优品的客户价值主张，是为全球消费者提供更高品质更低价格的商品。它的产品主要是日用百货杂货，大多数是自有品牌。目标客户是18到35岁之间的年轻女性，她们集中在一二线城市，中产阶层，经济独立，注重品质。

围绕目标客户，名创优品从产品设计就开始创新。从品类来看，名创优品的产品多数为符合女性审美标准的日用快消品，包括化妆品、化妆工具、家居用品、餐具、配饰、文具等。

按照原有设计，名创优品店内的货架高度为1.7米，但最后定为了1.5米，牺牲了部分坪效。其原因在于，中国女性的平均身高为1.55米，如果货价太高，会给她们带来不便。如果物品放置太高，影响了消费者取货，那也无济于事。

名创优品还有一套引以为傲的供应商管理模式，以量制价＋买断定制＋

不压货款[1]。名创优品与供应商联合开发商品，买断版权，形成独家资源；在商品计划期内，根据市场需求，采购特定数量的产品，免去供应商的库存之忧；商品采购价则由订单规模决定。

营销渠道

再看它整个营销路径，该品牌主要影响一二线城市的消费者。选择在时尚、财经类媒体做公关传播，在都市类报纸、航空杂志，以及女性关注的新媒体上刊登公关软文，在热门偶像剧中进行广告植入，以此营造国际化的快时尚。在营销上，名创优品并不是狂轰滥炸，而是有自己的坚持，比如他们宁愿花上亿元为每位顾客提供免费的购物袋，也不愿邀请任何明星做代言。

在渠道上，名创优品不走寻常路，没有在小街小巷去开社区店，而是选择城市的中心地带，宁愿支付高昂的租金，也要在人流量大的地方去开店，比如红火的步行街、大型社区汇集的商业圈、生意最好的购物中心、黄金地段的商场店铺、交通枢纽交汇的商业物业等等。

面对月租金几十万元的支出，名创优品也毫不犹豫，因为在他们看来，人流比租金更重要，黄金位置有助于提升店铺的影响力，将进店率转化为成交率，门店引流的效果比广告更加直接有效。将渠道与营销结合，这是名创优品的有意为之。

而在渠道扩张的路上，名创优品设置了直营、合作与加盟三种方式，而

---

1 杜博奇：《名创优品没有秘密》，北京，中信出版社。

且把控好了所有店的运营管理。以加盟商合作为例，双方合作期限为三年，和其他加盟类似，加盟商需要缴纳相应的品牌使用费和货品保证金。

但不一样的是，这三年内，名创优品会负责安排全部产品，三年之内不断提供货品，不用客户再拿钱进货。合作期满，货品保证金如数退回。也就是说，加盟商几乎不用担心进货难或者商品滞销，因为背后有名创优品进行全国性的把控。而加盟商需要承担的是店铺转让、租金、装修、员工、水电等日常经营开支，并且与名创优品分享前日营业额的38%（食品、饮料33%）。

在这种合作模式的作用下，名创优品将加盟商变成了合伙人，双方优势互补，用最低的成本去争取最大的收益，而且降低各自风险，实现了双赢。

关键资源

名创优品的关键资源也是其他对手难以复制的。比如人力资源，他们是一个成熟的团队，都是快消零售行业的行家。创始人叶国富，也是"哎呀呀"品牌的创立者，做了十年零售品牌，拥有别人学不来的商业经验。正是过去的经验，让叶国富敏锐地捕捉到了"低价优质"的新商机，而且即便旁人知道，也做不到。

在没有成熟团队的情况下，可能也能开店，但能不能管理经营，并且快速运转起来，就有疑问了。同样的模式、同样的价格，别人做会亏损，名创优品就能实现盈利。

出现差距的原因在于，关键资源的积累和创造是一种内功，也是企业经营最难的一部分。学习他人的产品、模式相对容易，如果要学一套资源，构造流程体系，就会很难。每个企业的人力资源、组织构架、流程制度是要互相匹配的，很难照搬。这几方面的磨合需要时间，如果有多年的运营经验，就有先发优势。

成本结构

关于成本结构，名创优品直营店的成本包括采购、租金、人员等，收入主要来自于产品销售。通过加盟店的设置，公司把成本转到了加盟商身上，降低了经营风险。这是一种资本的运营效率，用加盟的方式，来加速扩张。简单来说，就是用别人的店面、别人的产品，为我赚钱。

资本杠杆

同时，在资本方面，名创优品创建了供应链金融，通过为供应商贷款，获取更低的采购成本，而且还能赚取金融利润。另外，通过终端扫码的方式，积累了消费者的信息，然后做小额贷款，打开了消费者金融的大门。未来，实业和金融结合，实业获取现金流，资本则将现金流放大，获得更高的资本回报。

对于大众消费者来说，名创优品是一个新品牌。但是对于母公司赛曼控股集团来说，这是一次转型试点。通过一个新品牌，带动公司的整体升级转型。目前，在名创优品风潮的带动下，哎呀呀饰品品牌也宣布升级为"哎呀呀生活馆"，销售饰品、包饰、数码配件、彩妆工具、护肤品等产品。

赛曼做的一个正确选择是，没有在饰品零售行业的红海里苦苦挣扎，而是采用了创新求变的方式，开创了新领域的新模式，找到了一片蓝海。如果赛曼仍然专注在哎呀呀的饰品领域，通过成本控制来运作，那么它很可能被一个新来者干掉了。

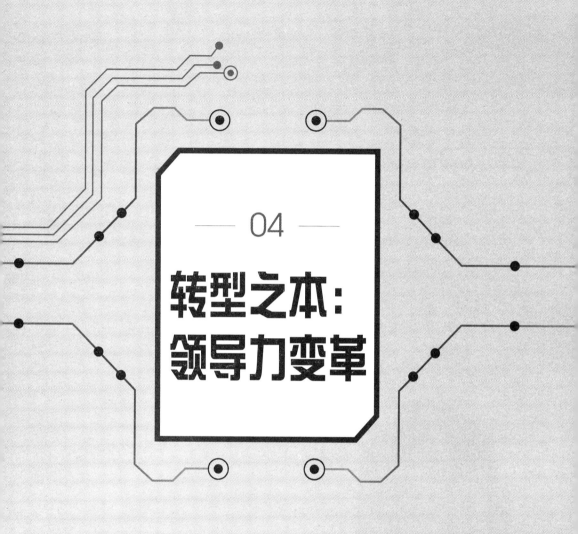

04

转型之本：
领导力变革

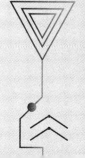

Ⅱ 我曾主持过一百多场私董会，在会议中与许多企业领导者交流。每个领导者都是怀揣着实际问题参会的，而这些问题中，一半以上是关于如何领导队伍的。

为了更好地成为领导者，需要具备相应的能力。领导力可能是一种特质、能力，也有可能是一种行为，这在领导力方面，有不同的解释。

有人说，成为一个领导者需要具备各种各样的能力，有天生的，也有后天培养的。但实际上，领导力更多的是后天培养的。也有人说：我只要做出某种行为，就是一个好的领导者。这种理解，是角度不同，没有对错之分。

人们总是折服于那些力挽狂澜的领导者，他们在危难之时做出了正确的抉择，并且能够带领团队披荆斩棘。企业转型，一方面是公司架构方面的转变，另一层面是人的转变。只有人员变了，公司才会变。而在所有人当中，领导者应当起到表率作用。

当队伍中有人犹豫不决的时候，领导者要让他重拾信心；当有人受伤的时候，领导者要鼓励他战胜困难；当有人退出的时候，领导者更要团结队伍一路向前。领导者是那个举着火把走在前面的人，随时

清扫障碍，化解危机，在转型道路上，他需要比任
何人更加勇敢坚定。

阅读前思考的问题：

1. 你是否参加过领导力培训？有何感受？

2. 你是否赞同领导者在企业转型中起到关键作用？

3. 在企业转型中，领导者需要哪些品质？

4. 领导者应该如何改变自己，影响他人？

5. 你觉得自己有哪些好的领导品质，哪些方面需
要提升？

变革从领导者开始

　　一个变革中的企业，迫切需要领导者，因为变革的过程是模糊不清的，过程具有挑战性。这时候领导者要发挥很大的作用，才能带领大家完成目标。领导力是来自于对未来趋势的判断以及对公司变革的信心，这是未来领导者非常重要的一个特质。

　　领导人要有紧迫感、危机感，要保持敏感。张瑞敏的办公室有一幅题词是"战战兢兢，如履薄冰"，这是一个企业家的常态。在一个技术创新、产品创新，管理创新层出不穷的时代，变化太快，你无法去预测下一步会发生

什么。我认为，你要去预测5到10年后发生什么，是很不靠谱的事情，你只能看看未来1到3年可能发生什么。而你需要抓住市场的变化，做出调整。

要做一个领导者，首先是自我修炼的过程，也就是我们常说的"诚意、正心、修身"，只有做到了这一点，才能做到"齐家、治国、平天下"。一个优秀的领导者要会识人用人，而要识人用人，首先要做到的是有自知之明。一个没有自知之明的人，是不能做到识人用人的，可以说自知之明是识人用人的前提。

自知之明，言下之意就是知道自己的使命和目标，知道自己的情绪和心理，知道自己的优势和劣势，以及掌握快速学习成长的路径。只有做到这几点，才能管理好自己，也只有管理好了自己，才能做到领导团队，并领导变革。可以说，自知之明是领导力的原点。

改变从领导者开始。在对华为终端转型的研究中，我们就关注到了华为终端的领导者余承东。

余承东，1969年出生于中国安徽省的一个小县城霍邱县，自小勤学苦练，成绩优秀。他本科毕业于西北工业大学，硕士毕业于清华大学。凭借自己的努力上进，在1993年加入了华为公司。他受过生活的磨难，吃过苦头，又有着雄心壮志，这类品质是华为创始人任正非最为欣赏的。

2011年，华为任命余承东担任消费者终端CEO，领导终端转型。从这一刻开始，余承东从自我开始，做出了许多改变。在此之前，余承东为人低调沉稳，这是华为人的典型风格。但受命终端转型之后，他开始变得高调和开放。

有一些现象可以显示余承东的自我改变：

从2011年开始，他就在微博上不断地发布有关华为手机的消息。他会在第一时间和微博粉丝们分享自己的心得体会，把华为手机的最新消息告诉大家，或者提出问题，和粉丝们一起讨论。

在此之前，还没有一位华为高管在微博上如此直接地表达对自家产品的热爱。作为设备供应商，华为早已习惯按客户的要求，隐匿自己的品牌，每天埋头做事。曾经，低调是华为的优秀品质，而如今要直接面对消费者的华为，必须学会表达自己、宣传自己，要学会直接和消费者沟通。

余承东成为华为第一个敢高调做人做事的高管，他不断在微博等媒体平台露面发表言论，目的就是为了让更多人关注华为手机品牌。发微博成了他的兼职工作，他每天睡觉前都和粉丝对话，在字里行间中让更多人认识华为。他发的微博信息，多数都是关于华为手机，其中不乏自我批评，姿态放得很低。

"过去媒体来见我们，我们不接受，都会躲，因为之前做B2B业务，不需要。现在做B2C，我们需要让消费者知道，如果离消费者很远，就会有问题，我们要把自己真实亲切的一面展现给消费者。"

余承东希望从自我做起，起到带头作用，让华为内部所有的员工都能像他一样，在一切可能的情况下去推销华为手机。他相信，只要转变思维，勇敢走出去，学会表达自我，适应消费者终端新的节奏，加上华为深厚的技术积累，终端品牌就有成功的希望。

任何转型都是这样，如果领导人不改变，那么团队就不会改变，公司的转型就更是无从谈起。如果不改变自己，那么领导者就难以服众，难以带领团队实现转型目标。优秀的企业家，大多了解这个道理。

2015年，TCL集团100多名公司高管重走"玄奘之路"，徒步112公里，沿途穿越戈壁、盐碱地等复杂地貌。TCL集团董事长李东生说，发起这次徒步行动，是为了激发个人潜能，超越自我。企业转型也是如此，转型就是革自己的命，不能固守传统，"只有变，才是唯一不变的阵地"。

李东生认为，30多年前，TCL创立之初，是个年轻的企业，充满活力和激情，没有包袱。然而经过几十年的发展，当初让企业成功的因素，到了今天或许会成为阻碍，因此企业要转型，就是要从自我做起，革自己的命。

的确，当TCL看到乐视、小米这样的后起之秀正在吞噬自己苦苦打下来的江山时，不得不逼自己转型，以应对新环境的变化。况且，李东生是个不服输的人。在电视圈，他和互联网企业家的关系最近，常常向马云、雷军等请教，就是为了近距离了解新事物。

有人会问，大哥向后辈学习，能放下身段吗？李东生的回答则十分豁达："产业里是以规模和盈利能力来分大小的，我怎么敢在马云面前称大哥？他早就跑到十万八千里外了，雷军叫我大哥我都不敢应。年龄大，现在已经是个不利因素。"

在企业转型期，领导者不仅要在思想上率先转型，而且要成为第一行动人。如果只是发号施令，没有自我行动，相信转型最终只能沦为一纸空文。

领导力之自我领导

　　一个好的领导者有坚定的使命，拥有对未来远景的信念、描述和坚定价值观，这是领导力的源头和核心。只有当你有非常清晰的使命，才能去感召别人；当你具有清晰的愿景，才能去凝聚别人；当你有清晰的、大家认可的价值观时，别人才会追随你。

　　一个公司的战略可能是变化的，方向变化，组织变化，但变化中间必须有一些东西保持相对的稳定，就是使命、愿景、价值观。价值观相当于船的舵，船桨可以改变方向，但是舵要足够稳。一个使命不清晰的公司，缺少主心骨，就会陷入茫然状态。

　　公司的使命愿景价值观，不是老板拍脑袋拍出来的，一定是在工作中不断沟通，统一大家认知，让大家越来越清楚公司的方向和使命。这个价值观是企业文化的基础，最早可能是由领导者发起，但最后是共创出来的。

　　有人以为，愿景描述就是把一些美好的词汇堆砌在一起，进行选择，比如创新、变革，随便挑一个，就能当作愿景。然而，这些词都很空，而形成愿景的必要条件是，你的价值观要落实在行动层面。没有行为层面的价值观，就是一句毫无意义的空话。为了实现愿景，哪些是一定要做的，哪些是坚决反对的，一定要清楚。

　　我们可以分析一下阿里巴巴的价值观"六脉神剑"，不仅要知道这些价值观是什么，还要关注它们是如何落地的。

· 客户第一：客户是衣食父母；

· 团队合作：共享共担，平凡人做非凡事；

· 拥抱变化：迎接变化，勇于创新；

· 诚信：诚实正直，言行坦荡；

· 激情：乐观向上，永不放弃；

· 敬业：专业执着，精益求精。

其中，"客户第一"指引公司方向，属于公司顶层的价值观要求；"团队合作"和"拥抱变化"代表团队的组织文化，属于中间层面的价值观要求；"诚信、激情、敬业"是对个人职业精神的要求，属于最基础的价值观要求。

这三个层面的价值观是互相关联的，比较容易取得大家的共识。每一条价值观下面，又有行为准则，对执行者提出具体的要求。如果没有行为准则，就沦为一句空话。

以"客户第一"的行为准则来看，要做到这一点就有如下明确的行为要求：

· 客户是衣食父母；

· 尊重他人，随时随地维护阿里巴巴形象；

· 微笑面对投诉和受到的委屈，积极主动地在工作中为客户解决问题；

· 与客户交流过程中，即使不是自己的责任，也不推诿；

· 站在客户的立场思考问题，在坚持原则的基础上，最终达到客户和公司都满意；

·具有超前服务意识，防患于未然。

这些行为准则，就是判断员工是否做到把客户放在第一位的标准。通常情况下，价值观是事前的宣导，价值观落地需要事后的强化。比如，一个人做了符合价值观的事情后，应当有奖励；背离了，会有惩罚。

阿里巴巴的绩效考核，一半是业绩，一半是价值观。这样就有了平衡，遵循有奖，违背有罚。2016年，阿里巴巴5名技术人员在公司月饼内销过程中，采用技术手段作弊，"秒杀"到了100多盒月饼，遭到公司开除。

很多人觉得，这是阿里巴巴小题大做，过于夸张，或者说是为了杀鸡儆猴。实际上，这样的处罚方向是对的，只不过方式方法可能激烈了一些。然而，作为一个大公司，如果价值观紊乱了，公司会乱套，各种各样的问题出现。如果到诚信缺失的时候再整顿，恐怕已经晚了。

辞退员工的阿里巴巴集团首席人力官蒋芳解释，因为阿里巴巴是一家把决定权真正下放到每个普通小二手里的公司，是一家要对付刷单、对付"黄牛"的企业，因此内部人首先不能做"技术黄牛"。也就是说，为了坚守诚信价值观，阿里巴巴做出了这一个艰难的决定。

很多时候，价值观是领导者特别是创始人内心的一种追求，是个人或公司始终坚守的。一般来说，公司的愿景价值观不会超过5项或6项，它们是公司始终捍卫的信念，也是企业存在的理由。

在企业转型期，领导人除了要强调企业的愿景价值观，更重要的是，还要有构建和描述未来图景的能力。对于愿景价值观，我们强调的是始终不变，而未来图景是企业在一段时间内的美好愿望。通常，一段时间指10年至30年，而未来图景应当是宏大的，充满希望和抱负的，能够让人热血沸腾，激励一代又一代的人为之而奋斗。

吉姆·柯林斯和杰里·波拉斯在他们的杰作《基业长青》中说，那些基业长青的公司拥有BHAG（Big、Hairy、Audacious、Goals），即宏伟、艰难和大胆的目标。大多数时候，BHAG让人觉得不可思议，却又能刺激人的内心，使人们充满希望，愿意全身心投入其中。

转型期的领导人，不仅要提出转型目标，比如"成为零售领域的第一名"，还应当描述转型的未来图景，告诉大家转型成功之后会是怎样的场景，比如"我们的品牌会像其他世界品牌那样家喻户晓""我们的加盟商遍布全球""受到竞争对手和客户的尊重"等等。那些野心勃勃的未来图景，通常更能调动情绪，召唤人们的跟随。

我们常说某人有个人魅力，其实对于领导人来说，在描述愿景的过程中，就会散发出个人魅力，让人愿意和他一起，为了共同的使命拼搏。GE的愿景是让世界亮起来，迪士尼的愿景是让世界快乐起来，阿里巴巴的愿景是让天下没有难做的生意，这些都是让人感到荣耀的理想。而更令人佩服的是，这些企业为了宏伟、艰难和大胆的目标付出了持续的努力。愿景的伟大，不在于目标多远大，而在于人们努力的过程。

领导力是带领团队完成目标的过程

仅凭领导者一人之力，是不可能实现愿景目标的。对于转型企业来说，领导人对团队的管理尤为重要。如果从结果层面去解读，领导力无非包括三点：达成目标，创造不同，培养团队。一个无法实现这三个结果的领导者很难说是有领导力的。

要培养有战斗力的团队，需要领导者懂识人、会用人；要达成既定目标，需要领导者对自身有深度察觉的能力，视野、技能、心态——一个也不能少；而要想创造不同，则更需要持续精进的修炼，站在历史与他人的角度去发现属于自己特有的"修身之法"。

具体到带领团队层面的领导力，涉及三个层面：

第一是识人用人的能力。你要找到一群志同道合、能力互补的人，而且形成相互协作、取长补短的组合。就像《西游记》里面的唐僧团队，他们各有所长，各有所短，各有各的分工，只有这样才算是一个稳定的团队。如果大家都是道不同志不和，是走不远的。

对于一个领导人来说，你知不知道你的团队需要哪种人？能不能清晰判断人才是否符合你的要求？这就要求对公司的战略有清晰的认知，对岗位要求有清晰的认知，对他人的能力和性格有清晰的认知，才有可能做到知人善任。如果你需要的是一个有突破力的人，却任命了一个不敢打破陈规的人，这样不论对于员工个人，还是团队来说都是不合适的。

第二，是要有很好的培养人的能力。任何一个企业在快速成长中，最重要的是团队里的人能否跟上企业发展的需求。不仅要求领导者善于学习，团队的每个成员也需要学习。那么，领导者就需要以身作则，带领全体成员成为学习型组织。这将影响整个组织能力。

第三，领导人要懂得激励人。如何不断激发人的创造力和执行力？这对领导者挑战很大。对人的激励方式很多，除了物质，还有精神。

激励不一定是要给予相应奖赏和提拔，工作本身的完成也是一种激励。有时候，满足感和成就感是员工为工作努力的最重要的原因。领导者要让一件事变得很有价值，让员工感觉到，完成工作本身是很有意思的，能帮到别人，同时更好地学习成长。

当一个领导人能够识人用人，培养人激励人的时候，他的团队才能继续壮大稳定。那么，在企业转型的关键期，企业领导人应该如何去吸引人呢？

首先作为领导者，要释放出清晰的信号：我是什么样的人？我为什么要创办这家企业？我希望把这家企业带到什么方向？我有怎样的价值观？把这些讲出来，吸引那些认同你的使命、愿景和价值观的人进来。我们经常说，创业企业的企业文化，就是创始人的文化，转型企业同样如此。一个团队的特质，是老板的个性特质的外化，是他的某种特质的复制和延展。

其次，要有合适的待遇吸引人。愿意加入转型队伍的人才都是有企图心的，除了薪水，还要给他一个更好的未来预期，比如通过期权、股权的方式，让他们看到，除了短期收益，还有更大的想象空间。所以，对人才的吸引要从他们的需求、动机和目标出发。针对性地吸引你认为合适的人。

企业转型需要哪种人才？

首先，这些人想要变革，创新求变。如果完全墨守成规，对现状满意，就不会有动作。培养那些不会固守经验、按部就班的人，去激发他们的创新能力。

第二，具有战略思考能力。转型人才要能够发现未来的方向，找到问题的核心关键点，具有强大的执行能力。当企业有了方向，人才就要在短时间内做成。不断创新，不断测试，要有灵活应变的思维方式，才能找到正确的路线。在转型中遇到困难时，他能找到变通之道，懂得妥协和协作，而不是一根筋往前走。

第三，需要有很强的意志力，拥有坚韧不拔的精神。转型中会遇到很多困难，作为核心人才，要克服困难，百折不挠达到目标。这样的人才，可遇不可求。这和创业伙伴一样，要认真对待。

第四，为自己行为负责，有责任感的人应当得到重视，一个对自己有高要求的员工，会在自我进步中为企业创造更多的价值。相反，自我要求过低的员工，在任何岗位上都做不好，还有可能拖慢企业转型的速度，影响转型质量。

在转型期，领导人不仅要授权那些能干的员工，让他们快速成长，还应当对人才予以辅导。如何辅导下属呢？就是作为一个领导，不仅要"授权于人"，而且要"赋能于人"，如果下属没有能力，再授权也没用。通过"赋能于人"，就可以让下属不仅能执行，而且能决策，团队起来之后，老板也就被解放了。

需要指明的是，辅导下属并不是手把手地教他们做事，这样永远都培养不起来。领导人要做的是，通过不断提出问题、引导思考，让下属在主动学习中取得进步。当选对了团队人才的时候，领导者会感觉到，带着这群人去完成目标是一件愉快的事情，这一群人经得起风浪，也就能拥抱美好的阳光。

领导不是一个法定权利的概念，而是角色的概念。任何一个人都可能成为领导者，只要他能扮演相应的角色。领导者不单单是CEO，而可能是公司一个普通的员工。不同层面的领导者，对能力要求不一样。

拉姆·查兰在《领导梯队》一书中，把一个人的领导力划分为六个层级，描述了层层进阶的过程。这样的层级划分，在大公司较为常见。

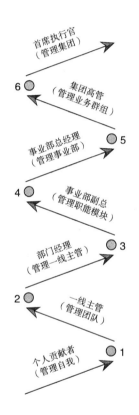

领导阶梯模型（领导力发展的六个阶段）

  每一个层级，领导力的要求各有不同。比如，一线主管需要学会如何安排下属的工作；部门经理要学习如何选拔人才；事业部副总要拥有战略思维；事业部总经理要学会重视所有部门；集团高管则要处理好各部门的综合问题，将公司业务联动起来；首席执行官则要站在全局层面，善于平衡短期和长期利益，实现企业的可持续发展等。

可以说，每一次领导力的进阶，都要抛弃上一阶段让你获得成功的技能，而去学习更新的技能。这是非常困难的，这就相当于每一次进步都是从零开始。每一个有进取心的领导者，应当清楚地知道自己处于领导力的哪一层，需要朝哪个方向进步。同时，他还应当了解下属处于领导力的哪一层，需要引导他们朝什么方向培养。只有彼此懂得，才能一步步前进。

领导力培养案例：柳传志对杨元庆的培养

在中国的大型民营企业中，现在担任第一把手的几乎还是企业的创始人，联想集团算得上是为数不多的有二代领导者的企业。联想的接班人杨元庆，就是在创始人柳传志的培养下，逐步成长起来的。

杨元庆大学毕业之后进入联想，从基层做起，追随柳传志一步一步建立了联想品牌。1994年，柳传志倾注公司全部资源，全力支持杨元庆开发联想PC业务。另一方面，他又多次当众严厉批评杨元庆，杨元庆委屈到痛哭。

2000年，柳传志"退居二线"，将联想的掌舵权交给了杨元庆。2005年，杨元庆主导完成了联想对IBMPC业务的收购。2009年，联想集团遭遇国际金融危机和内部经营问题。危急时刻，柳传志重回联想集团出任董事长救场，为联想注入强心剂。2011年，柳传志再次将联想交给杨元庆，在交班仪式上，柳传志发表了简短的讲话，期间一度哽咽，说元庆已经是自己生命的一部分。

尽管外界对杨元庆的评价褒贬不一，但柳传志对他的领导力培养在业内被公认为是"教科书式"。我们摘选1994年柳传志写给杨元庆的一封信，可以知晓一二。在信中，柳传志表达了一位领导人对下属的要求、期待和指导，有鼓励也有鞭策，有感情也有深意。

以下为公开的信件原文：

元庆：

　　来香港后，虽然任务繁重，但对你的情况仍不放心。自我检查后，觉得这几年和你沟通少，谈的都是些你要解决的具体问题。客观原因是你和我都忙，主观原因是没有特别注意我们之间沟通的重要性。我想利用边角或休息时间写信给你，用笔谈的方式会比较冷静，但我也不想很正式，只是拿起笔想到哪儿就写到哪儿，还是自然感情的随意流露，未必就逻辑性、说理性很强，一次谈不完，下次接着再谈。

　　我喜欢有能力的年轻人。私营公司的老板喜欢有能力的人才主要是为了一个原因——能给他赚钱。有这一条就够了。而国营公司的老板除了这一条以外，当然希望在感情上要有配合。谁也不愿找个接班人，能把事做大，但和前任关系不好。开句玩笑，找对象如果对方光漂亮（相当于能力强）但不爱我，那又有什么用？

　　联想已经是一番不太小的事业了，按照预定的计划将发展到更大。此刻不对领导核心精心加以培养，将来就一切都是空话。

　　那么我心目中的年轻领导核心应该是什么样子呢？一要有德。这个德包括了几部分内容：首先是要忠诚于联想的事业，也就是说个人利益完全服从于联想的利益。公开地讲，主要就是这一条。不公开地讲，还有一条就是能实心实意地对待前任的开拓者们——我认为这也应该属于"德"的内容之一。

在纯粹的商品社会，企业的创业者们把事业做大以后，交下班去应该得到一份从物质到精神的回报。而在我们的社会中，由于机制的不同则不一定能保证这一点。这就使得老一辈的人把权力抓得牢牢的，宁可耽误了事情也不愿意交班。我的责任就是平和地让老同志交班，但要保证他们的利益。另一方面，从对人的多方考核上造就一层骨干层，再从中选择经得住考验的领导核心。

另外，属于"才"和"德"边缘范围的内容是，年轻的领导者要凭他的无私和他对自己的严格要求，以及对他的伙伴的大度、宽容，自己有卓越的领导能力，还能虚心地看到别人的长处，不断反省自己的不足等等。优良品质使人心服。

你知道我的"大鸡"和"小鸡"的理论，你真的只有把自己锻炼成火鸡那么大，小鸡才肯承认你比他大。当你真像鸵鸟那么大时，小鸡才会心服。只有赢得这种"心服"，才具备了在同代人中做核心的条件。

当然在别的国有企业，都是上级领导钦定企业负责人，下面一般都是心不服的，所以领导班子很难团结。我如果不提前考虑这个问题，而像一般国有企业一样到时候再定，也不是过不去，只不过在联想进一步发展时，可能在班子问题上留下隐患。

我是希望向这个方向去培养你的。当你由CAD部调到微机事业部，并在当年就把微机事业部做得有显著起色时，我的心中除了对事情本身成功的喜悦以外，更有一层对人才脱颖而出的喜悦。在你开始工作后不久，诸多的矛盾就产生了。我是坚决反对对人的求全责备的。如果把一切其他人得到的经验硬给你加上去，会使得你很难做。我们努力统一思想，尽量保证环境对微机事业部的支持。事实证明了你的能力和不达目的誓不罢休的上进精神。

当事情进展到这一步，我应该更多地支持你发展优势，同时指出你的不足，注意如何能上更高的台阶。而你在这时候，应该如何考虑呢？我觉得应该总结出自己真正的优点是什么，自己的弱点是什么，到底联想的环境给了你哪些支持（这能使你更恰如其分地看待自己的成绩），主动向更高的台阶迈进要注意什么。

当我心中明确了将来作为领导核心的人应该具备的条件以后，我对你要做的事是：

（1）加强对你的全面了解。你自己也要抓住各个机会和我交流各种想法。不仅是工作上的，应该包括方方面面的。

（2）加强和你的沟通，使你更了解我的好处和毛病，性格中的弱点，"后脑勺"的一面，这才能产生真正的感情交流。

（3）互相帮助。但更多的是我用你接受的方式指导你改正缺点，向预定的目标前进。

以上的部分我是用了星期六的一个钟头和星期日的一个钟头写

的。马上我又要外出了，我想信就写到这里。下面是我想从你那里得到的信息：

（1）你是不是真有这份心思吃得了苦，受得了委屈，去攀登更高的山峰？

（2）你自己反思一下，如果向这个目标前进，你到底还缺什么？

经营层面的四大领导力

第一是策略思维能力、战略思考能力，能否清晰描述公司的战略规划，未来的方向在哪，市场机会在哪，对手策略是什么？知道这些，让你的公司有好的战略定位。

第二是领导者必须要有很强的执行力，既包括个体执行力，也指团队的执行力，好的执行力需要有个体＋组织支持同步实现。我们说执行力差，不见得是个体能力差，而是组织的支持力不够。

第三是创新和变革能力，企业是在不断转型的，所以领导者要不断求新求变，改变原有的产品服务、组织、流程等。

第四是坚韧不拔的意志，做企业很难，九死一生。企业家需要有强大的意志力才能活下来。

做到这四点非常重要，因为领导力的阻力无处不在，我们需要这些能力去击败阻力。从本质上说，转型是反人性的，是在和人性抗争。领导者不仅要和自己的天性做斗争，还要和整个团队的天性做斗争。人性是追求稳定的，转型却是随时变化，极度不稳定的。

我们很多的企业家都是白手起家，通过自己的勤奋努力，抓住一次机遇，获得了成功。于是，成功者会对自己做出心理暗示，认为是某种行为路径引导了自己的成功。当一个人因为机缘巧合，做了某些事情成功之后，他大脑里会建立一种回路，一种因果关系，认为我之所以成功了，是因为做了这些步骤。

我们将这样的心理称之为"成功者诅咒"，这是领导力的一个经典说法。转型要做的，就是自我突破，忘掉过去所谓的成功经验。在变化的环境里，你会发现，很多过往的经验在快速贬值。很多时候，经验不是资产，而是负债。以前，一个人可以通过简单的倒买倒卖获利，但现在，这套办法行不通了。如果执意按老办法做事，那么等待企业的结果就是消亡。

全球高级领导者教练领域的先驱与权威者马歇尔·戈德史密斯（Marshall Goldsmith）曾写过一本书*What get you here, won't get you there*，中文翻译为《那些曾经让你成功的东西不会让你成功》。这本书就是说，那些让你成功的因素，不会让你继续成功，有时候甚至会成为阻碍你继续成功的障碍。在成功的路上，没有屡试不爽的办法，只有不断变化创新，才有可能取得连续成功。

这样的想法，和许多成功学吹捧的励志鸡汤完全相反。当一些媒体把成功者的所谓"成功故事"摆在你面前时，你可能会被刺激一下，以为照着别人的方法就能成功。可是，在这个"成王败寇"的企业江湖里，"失败了所有经验都是狗屁，成功了所有狗屁都是经验"。你听到的永远都是成功者的津津乐道，而那些没有成功的人的故事你是不知道的，他们成了"沉默的大多数"。

实际上，如果我们复盘那些成功企业，你就会发现里面充满了偶然性，即便是让那个企业家重新做一遍，他也未必能获得成功。很多企业家把自己的成功归功于运气，这并不全是自谦的话，因为运气确实是成功的一个重要因素。同样的一件事，时间节点不同，结果可能完全不同。

商学院教授也很喜欢分析所谓"最佳实践"，火锅店学海底捞，手机厂商学小米，但没有一个人是靠模仿成功的。一方面是因为他们模仿的往往都不是成功的关键要素，第二是时机已经过去了。当时成功的一些外部环境因素已经发生了很多的改变，过于迷信所谓的成功实践，反而会让自己陷入刻舟求剑的窘境。

我们从失败中能学到的东西要比从成功中学到的多。马云大概也同意这个看法，他在创办湖畔大学时就说了：我们不学成功，我们学失败！因为成功的偶然因素很多，很难学习和模仿。而失败的原因也就那么几条，把那些最有可能导致失败的因素规避了，企业往往也就成功了。我觉得这真是一句实在、靠谱的话。

领导者必须善于学习成长

领导梯队的每个层级，就像打怪一样，需要的能力是不一样的，这时候你可能做好一种之后，达到了下一阶梯，当你到了下一阶梯的时候，你发现还需要其他的能力，所以领导者的学习能力很重要。自己没有到达这个位置，如何指望其他人达到呢？

领导者要知道，自己的成功是怎么来的，自己的优势是什么。要知道市场变化，知道自己在行业里竞争地位的变化，这一切都需要领导者有非常好的学习能力、战略思考能力和创新能力。

做到这些，才能引领变革，如果做不到，就会成为转型障碍。在企业变革中，领导力处于基础性的位置。没有领导力，就不能支持相应的战略、组织变革。

但当环境变化之后，领导者就要领导企业去变革、转型、创新，他自身就必须是一个快速的学习者，能够不断否定自己，学习新的思维方式和技能，才能带领大家往前走。需要谨记的是，一个企业的瓶颈往往是领导者的瓶颈，如果哪一天领导者不学习了，企业也就遇到天花板了。

在学习上，领导人要达到四个维度：

第一是高度，要有完整的理论体系和方法论，能够看到整个未来变化的趋势，系统地看待事情。领导人可以经常看一些经典的书籍，尤其是思想大师的著作，做到高屋建瓴。

第二是深度，能够一下子看到一个行业或者问题的本质，能够一针见血发现问题的关键点。在工作中，能够不断反思、请教他人，掌握一个行业或者问题的核心点。

第三是宽度，领导人不只是某一个领域的专家，而且对其他行业也要有研究，不一定每个行业都了解，但知识面要宽。管理企业，必须要懂很多东西，不然就无法了解到各部门情况，并给予相应指导。

第四是跨度，现在的企业需要跨界创新，往往很多行业的创新不是来自于内部，而是外部。我们经常说，领导人要跨界学习，因为你可能在某个行业已经做到了行业龙头地位，行业内没有标杆可以学习了。这时候，你就需要放眼外部，给自己启发。

如果要了解客户体验，那么，一家五星级宾馆或者一家餐厅更适合你学习。需要你找到行业之间的联系，跨界学习，和不同行业的人多交流，发现别人值得借鉴的地方。

另外，公司内部通常会用轮岗的方式来培养跨界人才。一般来说，轮岗的人才都是公司希望培养的未来领导者，专业的技术人员则不会大动。比如，把市场管理人调去管供应链管生产，或者去做人力资源，这样培养下来，一个人能够了解公司完整的产业链，对企业价值链认识更深刻，视野会更宽。轮岗是一种有效的领导力提升手段，要求你在短时间内快速适应部门和职位，提高相应的能力。这种压迫式的学习，能够让人快速成长。

大家会很好奇，我们该怎样做到这四个"度"呢？

"天才的1万小时定律"很多人知道，大家可以从格拉德威尔的《异类》这本书里了解这个概念。但是，我对这个理论持疑，因为它只知其然不知其所以然。

1万小时到底意味着什么？假如你一天工作8小时，一周工作5天，一年52个礼拜，这样你只需要4.8年就能成为一个行业里的顶级专家或者天才级的专家。看起来很容易，你上了一个大学，再加不到一年的时间就能成为一个天才级的专家。

但是为什么你看周围，你看镜子，你发现事实不是这样的呢？周围有很多人可能工作了10年、20年甚至30年，他们并没有成为行业里的专家。为什么？

我的理解是，他们并不真正地拥有10年的工作经验，他们只是把一年的经验重复了10遍而已，或者两年的经验重复5年而已，他们只是在不断地重复，没有提升的意识。因此，要真正训练领导力，必须要经历有意识地系统性训练。首先，建立一个完整的知识体系，占领导力学习的10%左右；其次，向高手学习，对标最好的企业和人，以及帮助别人做教练占20%；第三，70%源自于你在实践中的反思。以上三点综合起来，就是非常经典的721领导力发展理论，其中实践是最重要的。

领导力学习误区 [1]

领导人往往背负了强大的压力，所以很容易急于求成，也容易病急乱投医。学海底捞、学华为、学小米……最近几年，中国企业家都喜欢"学习雷锋好榜样"，学习各行各业的标杆企业。各种企业游学项目风生水起，研究这些公司的顾问也成了炙手可热的讲师，甚至这些企业的高管也成了各种培训课程的嘉宾，到处宣扬他们的"成功秘诀"。

我非常理解这些中国企业家，他们是真的爱学习，比学者们还爱学习。企业要想活下来并发展成长，企业家往往成了企业最大的瓶颈，他们不得不比对手成长得更快。于是乎，企业家热衷于参加各种课程，追逐各种流行的概念和案例。

有的企业家口味还很杂，不仅读了好几个名校的EMBA，他们还参加各种培训班，从各种国学课程到互联网思维，从本土的成功学大师到国外的管理大师，有点名头的老师前来讲课都要去听听，什么都要试试。

你要问这些企业家：参加了这些培训课程对企业发展帮助大吗？如果他/她还算诚实的话，大多数人的回答是"有点启发"。他们可能知道了很多新概念，也知道了一些成功案例，但这些真的能拿到企业中运用吗？未必！所以就有了那么多《海底捞学不会》《褚橙你也学不会》。

---

1 凤里、陈雪频、包晨星：《全方位领导力》，第 1 版，北京，中国友谊出版公司，2017 年。

为什么学标杆却学不会呢？原因有很多，我只从两个角度说说我的观点。

第一，任何成功企业都有其基因，而这个基因和创始人的愿景和价值观有关，这些价值观后来变成了企业文化。模仿一个企业的产品容易，模仿一个企业的战略比较难，模仿一个企业的组织能力则非常难。一个企业的组织能力包括其员工的态度、能力和治理体系，也就是我们经常说的"杨三角"。组织能力往往是经过多年的磨合，内生出来的。我们经常说企业的核心能力，所谓的核心并不是什么技术专利和战略，就是很难模仿和复制组织的能力。

第二，企业家们的学习方法不对。很多培训和游学，往往停留在概念和案例的知识层面，没有深入到探索内在逻辑和心智的思维层面，更没有转为和结合企业实际情况的行为层面。这也是各种演讲时培训的一大特点：培训师抛出了一个又一个时髦的概念和案例，加上演讲的口才普遍都还不错，搞得听课的企业家现场很激动，觉得学到了很多新知识，但回到公司之后，他们并没有能力把这些知识转化为行为，导致很多培训没有任何结果。

培训界有一句著名的话："听的时候很激动，事后想想很感动，回到企业一动不动。"大家听到了一些新概念，也听到了一些成功概念，但并没有理解这个概念背后的商业逻辑，以及企业成功的真正原因，更没有把学到的这些知识转化为思维模式和行为模式，自然也就不会产生积极的效果了。

衡量管理是否有效的标准是能够提升绩效，同样的道理，衡量学习是否有效的标准也是能否产生行为改变和结果。从这个意义上来说，很多培训课程效果很低。

还有些培训师说：只要你能从我这里听到一两句话对你有启发，就算很有用了。我认为这句话是非常可疑的，我们每天都能听到很多心灵鸡汤，我相信这些心灵鸡汤大多数都很有道理，而且也会给你一些启发，但就是不能激励你行动。因为你还不能从思维层面真正理解这种观念，更没有转变自己的心智模式，更谈不上让自己的行为发生改变了。

真正的改变是全方位的，从知道到做到是一个漫长的过程，并需经过长时间的知识储备、实践和思考。

学习是一个系统化的过程。首先要建立起一个结构化的知识框架，能够把吸纳的各种信息和知识链接起来。这就是读MBA和EMBA的作用，没有受过基本的商学院训练，根本谈不上"后EMBA"。

然后要不断地建立起属于自己的思维体系，并通过不断的倾听、观察、反思和实践形成自己新的心智模式，这是一个非常漫长而艰巨的过程。最后是要结合企业的实际情况形成一个可以落地的行动计划出来，这时学习的效果才是是最大的。

私董会对领导力的培养[1]

私人董事会，这个概念其实是我2008年第一次创业的时候接触的，当时它还没有传播到中国，到中国来之后，做得也并不好。后来我就把这个概念系统地梳理了出来，传播出去。但现在我都不好意思说自己是当时传播出去的那个人，因为现在这个概念已经烂大街了。

确实，任何一个热门的概念在中国都会有一个快速腐朽的时间，变成不是它原本有的模样。但是，我认为私人董事会这个方法还是很有价值的。

一个经典的私董会现场通常是这样的：12人左右的小圈子，没有谁是主讲者，面对当期筛选出的核心问题，谁都可以随时提问轰炸，或提供不同的视角。通常经过很多轮的针锋相对、思维碰撞，企业面对的真问题才显现出来。而经过私董会小组多轮讨论磨合，来自不同行业、年龄的私董们，成为更深层的社交学习伙伴。

从企业家的心声来看，全球著名领导力教练马歇尔·戈德史密斯曾表示，他每年都会带一批企业家去非洲的深山老林，通过与大自然的亲密接

---

1 凤里、陈雪频、包晨星：《全方位领导力》，第1版，北京，中国友谊出版公司，2017年。

触，反省自我，回归自我，以此来提升企业家们的领导力。

多年实践过后，他发现，每个企业家一生都必须要做三件事：第一，必须拥有一个目标，这个目标设得越早越好、越大越好，最好是一个能改变世界的目标；第二，必须拥有一个自己的私人董事会，就像打鼓一样，击鼓者是自己，听鼓者是董事会；第三，每个人都应该拥有个人生活。

私人董事会的核心功能是什么？这要从其英文原意说起。私人董事会的英文是"Peer Advisory Group"（直译"同伴顾问小组"），把一群具有相似背景、面对相似问题的企业家聚在一起，通过"互照镜子"和"相互建议"的方式，提升企业家的领导力，以及决策的科学性，它的核心功能是发展企业家的领导力。

当然，发展企业家的领导力不是泛泛而论，其方法论就是讨论并解决问题，而且中间使用了大量群体教练的技术，还需要采用咨询模型提高讨论质量，甚至还需要针对参与者做一些简单培训。概括来说，私人董事会融合了教练、咨询和培训三种方法论，作用是帮助企业家提升领导力，是一种新型的学习方式。

那么，为什么说私人董事会能够发展企业家的领导力？因为一个人要发展自己的领导力，70%来自于有挑战性的工作，20%来自于同伴的经验分享，10%来自于课堂和阅读。依照这个理论，商学院教育只能解决领导力发展中10%的问题，私人董事会则侧重于解决那20%的问题，并彼此敦促解决那70%的实践问题。

如果用健身房来作为比喻的话，提升领导力就像一个人练肌肉，他必须自己亲自操练，通过有压力的运动才能成功，这个是没有任何人可以替他做的，只知道如何去做也是不行。这个过程中，如果能有一个私人教练给予一些科学辅导，或者能有一群朋友相互鼓励或者建议，可以让他更快也更愉快地达到目标。

同样如此，一个人的领导力也不是天生就很发达的，他必须通过反复的训练才能得以改善，这个过程他必须经历很多压力和挑战。在这个过程中，教练可以帮助他更好地训练自己，同伴则会让他更有信心坚持下去。私人董事会通过挑战性提问和同伴经验分享，强调学以致用、知行合一，从而推动领导力的提升。

这就是私人董事会的作用。如果一定要排序的话，其首要目的应该是发展领导力，其次是解决实际问题，最后才是交知心朋友。这个次序不能反过来，否则就会走样，变成另一个"咨询工作坊"，或者另一个"企业家圈子"了。

坦诚地说，虽然私人董事会有解决问题的价值，但由于准备和讨论时间都有限，对问题解决的深度和系统性是不充分的。你要指望一群对你了解并不深入的CEO在几个小时的讨论之后给你一套完整的解决方案？十有八九你是要失望的！他们所给的建议更多是个人的经验和感悟，能够直接拿来用的并不多。

私人董事会价值最大的环节在于提问部分，而不是建议部分。为什么？每个问题都代表一种思考的视角，一个未经专业训练过的人的思考视角很少超过三个，但在私人董事会里，十几个CEO同时向你发问，这意味着同一个问题，你有机会从十几个视角去看，这个时候往往会产生一些参与者都意想不到的效果。

每个人都有自己的局限性。一个有丰富人生阅历的CEO，在思考问题时往往已经形成了一定的套路，这种套路让他很容易做出决策，但也容易遮蔽其他可能性。这个时候，利用一套讨论问题的流程，让一个问题充分被展开，这时候你会发现问题背后的问题，当你直抵问题核心的时候，其实答案已经呼之欲出了。

提问的过程就像剥洋葱，一个好问题就像一把锋利的小刀，能够发现问题背后的问题，甚至抵达人的潜意识层面，发现他自己都未曾预料到的问题。我的经验是，很多问题在经过一连串高质量的提问之后，才发现这是一个伪问题，真正的问题可能是那个人之前都没有意识到的，也就是进入一个人的潜意识层面。

私人董事会的本质就是对话。通过参与各方的对话，让每个人进入反思的状态，从而发现自己思维的盲区，拓展自己思维的视野，从而抵达问题的核心。在这个过程中，那个问题更像是一个道具，它起到了能够激发大家思考的作用，当大家开始深度思考这个问题的时候，往往每个人心中都有了自己的答案。

对这一问题心理学早有解释。"约哈里之窗"把人的认知分为四个象限：自己知道别人也知道的，自己知道但别人不知道的，自己不知道但别人知道的，自己不知道别人也不知道的。通过对话拓展一群人的认知边界，发现各种新的可能性，从而达到醍醐灌顶的作用，这也是一个人提升领导力的一种重要途径。

管理大师彼得·德鲁克说："最重要、最艰难的工作从来不是找到对的答案，而是问出正确的问题。因为世界上最无用，甚至是最危险的情况，就是虽然答对了，但是一开始问错了。"一个好的提问应该像一把利斧，它能劈开脑海中冰封已久的成见，让我们看到其他的可能性，甚至是直抵问题的核心所在。

怎样形成一个场域，让你能够和与你知识结构水平相当的人，通过提问、质疑、反思的方式，去发现自己真正的问题，让别人过去犯过的错误给你提醒，给你提供很好的建议——这是我觉得私人董事会非常有效的地方。

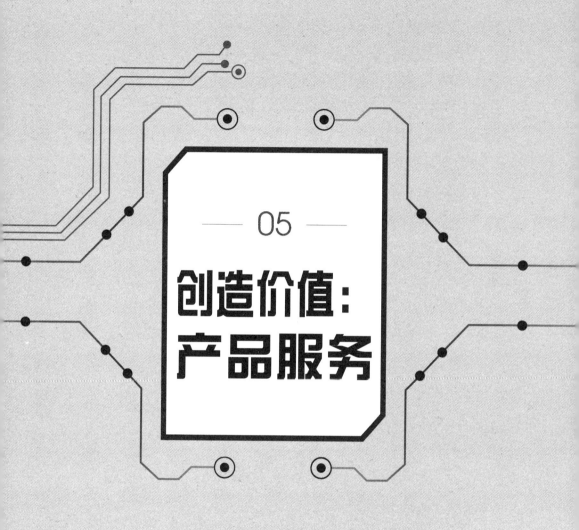

05

创造价值：
产品服务

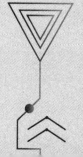

> 企业家问：我知道公司需要转型了，我也强烈感觉到危机来临了，但是我该怎么做？第一步做什么？这时候，从产品入手，是最简单明了的方法。

在互联网企业出现之后，产品快速迭代的思维逐渐盛行。过去，在制造业时代，人们讲求的是质量，一台电视机最好能用一辈子，那就是好产品。如今，随着互联网产品的问世，人们对产品有了新的认识：产品的好坏取决于其不断创新的水平。这也应验了那句广告词——没有最好，只有更好。

一款产品现在用起来很好，很可能明天就被同类产品超越了，这是企业不得不面对的现实。不仅互联网产品如此，制造业也受到了强烈影响，产品的研发生产周期在缩短，企业持续创新能力受到考验。

阅读前思考问题：

1. 你的企业为顾客提供什么产品或服务？

2. 从哪些角度分析产品服务的竞争力？

3. 产品服务应该从哪些方面寻找创新点？

4. 如何融合产品和服务？

转型第一步

有一家快消食品的企业，近两年销量下滑严重，公司老板认为，这是因为互联网营销没有跟上。但做完消费者调研发现，这家公司最严重的问题是，产品没有以前好吃了。消费者反馈，他们的产品不仅没有口感提升，而且还越做越难吃。

公司老板感觉很委屈，他说他们的产品从未改变过配料，一直是同样的口味。那究竟是什么变了呢？其实是消费者的口味变了，他们有了更高的要求。因此，这家企业要做的第一件事，不是去做营销，也不是培训企业文化，而是静下心来，踏踏实实地研究产品创新升级，用产品说话，好的产品会自我营销。

成立于1862年的香港中华煤气，成立初期的主营业务是为香港的煤气路灯供气。但后来随着电力的发明，煤气作为照明的用途逐渐被电力所代替，中华煤气公司也面临着巨大的挑战。

面对即将失去的市场，中华煤气另辟蹊径，经过探索与实践，他们发现家庭煮食和热水方面可以成为煤气新的突破点，因为在与柴薪、煤炭和煤油等传统燃料的比较中，管道煤气的优势是显而易见的。因此，在之后的一百多年里，中华煤气都是沿着提供热能这个出发点来研发产品和开拓市场。

如今的中华煤气是香港唯一的管道燃气公司，而且其内地的城市燃气品牌"港华燃气"也已经快速成长为广受欢迎的优秀品牌。目前中华煤气不仅单纯经营煤气，还提供煤气炉具等系列产品和全方位的售后服务。他们坚信煤气可以为家居生活带来全新的面貌，让煤气用于洗衣、干衣及抽湿等多种生活用途，并且让煤气服务于工商业设施是他们目前在做的事。到现在，中华煤气已经从传统的公用事业企业转变成为现代化和重视创新的多元化企业，这也是其能持续保持长久而有效竞争力的关键所在。

许多企业家会问，企业什么时候需要更新产品服务呢？我的回答是，这个问题需要随时思考，企业的产品和服务需要去满足消费者需求，而需求是不断变化的，市场竞争对手也在不断变化。要做一个既满足消费者需求，又有差异化竞争优势的产品，产品优化应该是无时无刻的。

我们把产品和服务并列一起，是因为它们能够标价，是买卖双方的交易内容，但两者还是有一些差异的。

讲到产品的时候，通常指一些有形的可复制的物品，比如家具家电、电子产品等等。而有些产品是无形的，但相对标准化的，我们称之为产品，比如音频、电子书籍，这些产品是无形的，但也是可大规模复制的。

服务是和消费者不断交互的过程，而这个交互过程本身也是消费者消费的过程。服务是一次性的、不可重复的、非标准化的过程。比如，咨询就是一种服务，它的效果好坏取决于双方的互动。过程本身就是创造价值，而其结果可能是一个报告、建议书，但真正的服务是中间环节，而不是最终的报告。

目前，传统行业的许多产品越来越同质化，最常用的解决办法是通过增加小的服务，去实现产品差异化。比如，雕爷牛腩餐厅，通过一些特别的店面设计和服务流程，打造出轻奢品质，加上情感营销手段，让人觉得在这里消费是很有范儿的事情。原本有产品的，通过增加服务来形成差异；原本有服务的，则通过把服务产品化来创造更多的可能。产品和服务的边界模糊了，两者逐渐融合一体。

其实不管是产品还是服务，核心价值还是要真正满足消费者的某种需求。这种需求可能偏功能层面，比如买个面包是为了吃，买个电视机是为了收看节目。但现在消费者的功能诉求不再只满足于功能，情感诉求逐渐占了上风。

以前买东西，讲求质量，一台电视机能用10年，就是最好的。但现在，电视机都能用10年，消费者也就不在意使用寿命的长短了。他们开始追求产品外观、互联网功能，以及品牌价值。为什么消费者会买小米电视？因为他们认为小米电视有别于传统电视，他购买的是一种独特潮流。

在产品转型方面，有一个趋势是产品在开发的时候，就要更多考虑市场需求，通过消费者需求来做更多的开发。以前和消费者接触，不像现在这么通畅。现在通过互联网，企业能够获取很多的消费者信息。但是，消费者传递的信息是会发生扭曲的，很多人表达的东西，和他想要的东西不一样。这时候，就需要企业有筛选能力，去粗取精地创新产品。

信息壁垒打通之后，产品设计和营销之间的界限就越来越模糊了。通过社交媒体，吸引消费者更深入地参与到产品环节中去，可以大大降低产品研发的初衷和最终产品的差异，这是未来产品转型的重要趋势。

雷军在做小米手机之前，先建了一个BBS模式的互联网社群，网罗了上千万个手机发烧友。前期搜集用户意见之后，小米才推出了手机产品。在小米的手机论坛上，每周都可以看到两三千篇关于手机的帖子，其中有用户的一些设想，也有一些体验报告等。

在小米论坛里，有个小小的按钮——"我也需要这个功能"。这个不起眼的按钮，把那些有相近表达的人汇聚在了一起，呼声越高的功能，成为现实的可能性就越大。用户会感觉到，自己的意见得到了尊重，而且被采纳了，会非常有成就感。

另外，在一些重要功能的确定上，小米工程师通过在论坛上发起投票等方式收集用户反馈，最终确定产品功能形态。所以说，小米手机大量功能的设计是响应用户的需求，双方沟通的过程就是产品形成的过程。

在小米公司，产品讨论会不是大家闭门造车，而是要结合论坛粉丝的意见，泡论坛、刷微博，是小米员工非常重要的工作。一方面，泡论坛可以了解客户需求，收集产品问题；可以回复用户的意见、建议；也可以追问用户问题，与用户进一步沟通。另一方面，论坛上的互动让粉丝们倍感亲切，他们的声音有人倾听，他们的意见有可能被采纳，小米着力营造的参与感就显现出来了。

在小米手机推出之后，营销最卖力的，也是资深的"米粉"。这些用户不遗余力地为小米做宣传，向身边的朋友介绍这款产品的特点，扮演了产品经理人的角色。通过粉丝的口口相传，小米的品牌快速建立起来了。

再讲一个手机行业的例子。在中国，手机行业竞争十分惨烈，极少有企业能够同时在功能机时代和智能机时代获得成功。如今，大多数功能机时代做得不错的手机厂商都已销声匿迹。在众多品牌中，金立曾经在功能手机时代是国产品牌中销量最好的一家公司，也是为数极少的还能在智能手机时代大放异彩的一家公司。

2016年8月，我曾访谈金立创始人刘立荣，探讨关于金立转型的那些事。2002年9月，金立在深圳成立。从那时起至今，公司经历了五个发展阶段。

第一个阶段在2002年到2005年，属于金立在夹缝中求生存的年代。公司一开始是做DVD的，后来DVD衰落了，金立就转型做手机，这可以说是第一次转型。当时做手机有很大的限制条件，比如要有生产许可证，金立没有，就只能去借别人的品牌。

第二个阶段2005年到2007年，是金立第一个发展快速的时代，标志着第一次转型的成功。2005年，拿到牌照以后，请刘德华作为形象代言人，推出"金品质立天下"的主张，销量连续提升，市场份额也连续提升。

第三个阶段是2007年到2011年这个过程，经历了2008年、2009年的低谷，以及2010年、2011年重新启航。到2011年，金立成为功能机的中国市场份额的第三名，当时的第一名是诺基亚，第二名三星。

第四个阶段是2012年到2014年，智能机开始流行的时候，金立变得比较被动。受到运营商、电商等因素的影响，金立以前擅长的东西不管用了，而且新的东西觉得还不是很适应，一度陷入迷茫。对于金立来说，这一阶段是非常痛苦的，它面临再次转型重生的抉择。

第五个阶段就是2015年至今，金立选择回归竞争本身，首先就是回归产品，接着才是渠道、品牌等等。其整个转型过程核心就是回归创造价值本身，为客户，为合作伙伴，为产业链创造价值。

首先，金立砍掉了许多机型，抛弃机海战术，更集中于做精品。其次，决定以传统的续航和安全等功能作为新产品的主要卖点，2015年之后推出的金立M5、M6等手机都坚持了这一产品差异化路线。

通过内置独立研发的安全加密芯片+系统软件+应用加密等方法，金立手机为用户打造了安全的使用体验，解决用户在信息安全方面的痛点。而在电池和快充技术研发上，金立也推出了许多创新办法。

为了确保产品品质，金立的研发人员从的500人（2011年）增加到近2000人，在工厂产能方面，从3000万台增加到7000万台，而且引进了先进的机器人生产线，进入智能制造时代。

从金立的发展历程中可以看到，这家企业的两次转型都是围绕产品而来，经历过多次起伏，也见过行业的风起云涌。就如刘立荣所言："也许我们会有一些错误，也许有一些低谷，但是我们是一个愿意根据外界环境的变化采取灵活的措施，或者是顺势而为的一个公司，没有到很僵化的地步。"

对于金立来说，集中精力做好优势的地方，回归到做好产品，做好渠道，做好推广，做好品牌，是其痛定思痛的结果。尽管充满了焦虑和不安全感，但它能适应变化，以产品为支点，撬动了转型大局。

一款好产品的基础是品质，一款虚有其表的产品是无法长久活下去的，而且还会影响品牌信用。一款好产品，让消费者记住，很难；但如果产品出了质量问题，消费者会记很久。如果玩不出产品的新花样，但至少做好质量升级。

有一些产品，本身不太适合随意升级改造，比如白酒或者饮料。但这并不代表这些产品就不需要创新升级了，而是要从其他角度转型，比如包装。2005年，郎酒推出一款名叫"小贵宾郎"的新品，每瓶100ml，容量只有普通白酒的五分之一，瓶身是不规则设计，看起来有一些歪斜，但品质还是郎酒酿造。

在当时的白酒市场，这样一款新酒并不被看好。刚推出新品的时候，市场上无人问津，后来因为销量不佳，郎酒还曾经想关停这个产品。直到2008年，在郎酒公司的渠道支持下，"小贵宾郎"才终于打开了市场，成为消费者青睐的"歪嘴郎"。

从现在看过去，如果郎酒集团当时真的放弃了这款新品，就不会获得"歪嘴郎"年销售10亿元的惊喜。近两年，随着"禁酒令"的实行，高级的大瓶装酒销量受影响，但小瓶装的酒依然保持着好成绩，为郎酒抵挡了风险。

对于一些生产技术比较稳定的产品，在面临转型的时候，更多的是去思考产品的包装形态、营销方式等问题，采用消费者乐于接受的形式，保持他们对品牌的新鲜感，培养他们对新产品的消费习惯。

产品创新基本法——设计思维

产品创新是有风险的，我们只看到成功的创新产品，却不知道在这些成功品的背后有多少失败的铺垫。每一次创新，都会有风险，没有风险，就没有机会。我们要做的，不是为了逃避风险而不作为，而是通过一些方法，去尽量把风险控制在合理范围内，让自己能够承担失败。

要生产出消费者真正需要的产品或服务，应该如何提高创新的成功概率？我提倡的是一种设计思维方式，在执行中分为四个步骤：

第一步，做市场调研。这时候你的思维要从一个点到一个面，开放式地去发现市场未被满足的需求，去发现各种各样的可能性。

第二步，聚焦到某个点上，进行突破。在第一步骤，你可能会发现有很多机会，什么都能做。但进行到第二步的时候，你要学会做减法，聚焦一个点，去攻破它。

第三步，开发模型样品。只有见到真实的样品后，才有可能进行后期的调整。在互联网时代，我们强调快速地试验，模型产品不求最好但求最快。

美国作家埃里克·莱斯在《精益创业》一书中提出了"最小可用品"概念，意即用最快的速度和最简洁的方式，把新产品开发出来，初期产品可能只是一个界面，也可能只有简单的操作流程，但它的好处是能够直观地被客户感知到，在此基础上，才能够进行下一步的实践。如果可能，给客户提供多个测试品进行对比选择。

第四步，把产品投向市场检验测试，优化定型。不断创造、不断测试、不断推倒重来，这是每一个产品设计师熟悉的步骤。实践出真知，这是大家公认的道理，但真正做到还能做对的人，并不多。

通常测试速度越快、频率越高，产品成型的速度就越快。一般的互联网产品，一个礼拜就可以更新测试一次，甚至每天测试。工业品虽然达不到这样的快速，但测试周期也在缩短。以前做服装，一年一种流行，现在是一个月一种流行，甚至一天变一个样。企业正在不断提升设计研发效率，让产品原型到交付的时间变得越来越短。这样不仅能让产品降低市场预期和结果的落差，而且提高运营效率和资金运转效率。

分析设计思维的步骤可以看到，第一步是开放思维，需要调动右脑思考；第二步是聚焦，从多个可能性中找到一个可能性，这是左脑思维；第三步，又需要右脑思维，做出样品；第四步需要左脑理性思维，去找出问题，优化每一个细节。

通过四个步骤，调动左脑思维和右脑思维，才可能使创新更符合市场需求，提高创新成功的概率。如果只用右脑思维，那做出来的产品很可能是天马行空，不接地气，没有市场价值；如果只用左脑思维，那么就会受到许多条条框框的限制，打不开思路，产品创新很可能半路夭折。

运用设计思维，是为了让产品更贴近消费者。我们一开始就要去洞察那些市场上没被满足的消费者需求，先看机会，这时候需要创新想法，运用右脑思考各种可能性和市场需求。然后再结合公司的主要战略，以及公司的能力，去选择某一个你可以做得好的产品服务，这就是聚焦的过程。走到这一步，产品创新还只是一个设想，可能是对的，可能是错的。所以我们需要推出一款或多款初级产品，进行反复测试，搜集意见，优化改良。在众多的产品意见反馈中，敲定最好的几种，成为相对标准化的产品。

腾讯曾经在产品设计中走过不少弯路，才有了一套比较成熟的做法。当年，QQ邮箱因为非常笨重难用，不被市场认可，腾讯只好对它进行回炉再造。在研究过程中形成了10/100/1000法则，即指每个产品经理都必须在每个月当中做10个用户调查，并且关注100个用户博客，还要收集反馈1000个用户体验。这个法则虽然有点笨拙，却很实用，一直沿用了下来。

再比如，马化腾经典的产品八字法则"小步快跑，试错迭代"。在他看来，也许每一次产品的更新都不是完美的，但是如果坚持每天发现、修正一两个小问题，不到一年时间就能把作品打磨好。这样的设计思维，让腾讯成为擅长做产品的公司。

在腾讯，每一天在各条产品线都会上演"用户反馈—改进—再反馈—再改进"的过程，比如《天天爱消除》这款微信游戏，开发到第二个月时，该项目工作室每天都邀请两个玩家体验，然后收集意见，这种方式持续了整整一个月。在这个过程中，工作室对游戏的手感、交互方式等所有细节全部优化了一遍。

如果仔细观察可以发现，但凡成功的创新产品，都采用了设计思维的方式。当然，这不代表运用了设计思维就能成功，这条路上还有许多的困难，真正能够笑到最后的，并不多。

从卖产品到卖服务，重塑商业模式

2015年，小村资本投资了海尔洗衣，这也是海尔集团的一个体外孵化项目，小村资本旗下的磁谷基金占大股，创业团队也是投资方找到的，董事长由小村资本的合伙人担任，并亲自主导了海尔洗衣的商业模式设计和孵化，我也作为战略顾问深度参与了这个项目。

过去十多年时间，海尔洗衣机占领了全国一半以上的市场，成为中国最大的洗衣机厂商，并且通过代理商占据了大多数高校洗衣机的市场份额。但在传统的商业环节中，海尔只负责产品的生产和销售，公司把洗衣机卖给自助洗衣的服务商之后，就完成了所有的交易。如果机器损坏了，服务商再打电话找海尔维修。在这个过程中，海尔没有机会接触真正的产品使用者。

为了更好地接触到海尔洗衣机的产品使用者，海尔洗衣决定重塑商业模式，从一个单纯卖洗衣机的产品供应商，向一个为终端客户提供洗衣服务的服务提供商转变。为此，海尔洗衣在原来的洗衣机上都安装了一个物联网模块，并把所有洗衣机连到一个服务器上，这样通过中央服务器就能把握每台洗衣机的状态。海尔洗衣还开发了一款名叫"海尔洗衣"的App，可以通过手机完成预约洗衣机和付费等功能。

通过物联网和App的结合，海尔洗衣的商业模式发生了变化，以前是卖洗衣机赚钱，现在是通过卖洗衣机和服务赚钱。终端用户可以通过海尔洗衣的App，用户可以通过手机查看旁边有多少洗衣机，有没有空置机，还能完成预约和锁定，用手机完成结算，避免了传统洗衣机投硬币的麻烦，带来了更好的用户体验。

对于海尔洗衣的代理商而言，工作量也小了很多，由于机器联网了，如果机器出现故障会自动保修，代理商不用打电话就会有师傅上门维修；联网后机器的利用效率提高一倍，营业收入大幅提高；另外代理商结算收益也方便很多，直接通过海尔洗衣的后台就能看待当天的收入状况，收钱也方便多了。

从海尔洗衣的角度来看，最重要的是实现了与潜在用户群体建立了直接联系。通过转变商业模式，海尔从卖机器变成了卖服务，以前是一锤子买卖，而现在是持续现金流。测算表明，用户在每个星期打开海尔洗衣App的频率是90%，也就是说90%以上的用户每周洗一次衣服，而且海尔可以更加方便地和用户建立连接，并让海尔洗衣的App成为一个流量入口，在App上面可以给其他互联网服务导流，比如做成大学生的生活服务平台，可以卖电影票等与学生校园生活相关的推广。

海尔洗衣通过将一个传统的卖产品的商业模式，变成了一个卖服务的商业模式，同步解决了代理商、用户和厂商的问题，还实现了海尔、投资方和创业团队的三赢，这种体外孵化的转型模式也值得很多传统企业借鉴。

重新定位客户，跨界整合产品和服务

媒体是受互联网影响最为剧烈的一个行业，在过去10年发生了天翻地覆的变化，传统的依赖"广告+发行"的商业模式濒临崩溃，大家都在探索新的方向，无论是付费阅读还是针对用户的衍生服务，都是针对产品和服务的探索尝试。

分享一个我亲自操盘的项目。2017年，经过一年多的接触和谈判，小村资本旗下磁谷基金投资了陆家嘴传媒，我出任陆家嘴传媒体的副董事长，并参与战略设计和团队建设。虽然这个项目还没有到谈成功经验的时候，但可以分享媒体转型的思路，这些思路对所有想要转型的媒体机构都是有启发意义的。

陆家嘴传媒原来的股东是第一财经和陆家嘴金融城发展局，原来的主要产品是杂志、新媒体、读书会和金融主题论坛，在金融圈里比较有影响力，但经营不算太成功。一个很重要的原因是媒体传统的商业模式不行了，必须探索新的方向。

陆家嘴传媒转型的第一步是重新定位，从一个以金融杂志为主的媒体，转变成为一个综合服务机构。以前的杂志读者是泛金融人士，但杂志和他们的关系比较薄弱，主要就是媒体和读者之间的关系，转型之后的陆家嘴传媒强调的是用户而非读者，人群聚焦为资产管理机构的管理者，围绕他们提供深度服务。

首先要根据用户需求来重塑商业模式。陆家嘴传媒访谈了很多资产管理机构的管理者，询问他们的需求，发现他们的需求中有三个方面是陆家嘴传媒可以满足的：首先是这些他们希望了解行业变化动态，并希望能有媒体传播的机会；其次是希望通过各种专业论坛去认识各种合作伙伴和同行，建立商业上的链接；最后也是最重要的是，他们希望能够对业务方面有一些真正的帮助。

根据这些诉求，转型之后的陆家嘴传媒把产品和服务分为三个模块：第一个是媒体板块，包括杂志和新媒体，其中杂志会转型为行业研究型杂志，满足用户了解行业动态和前沿观点的需求，新媒体则是对各种机构和人物报道，满足用户品牌传播的诉求；第二个是社交和连接板块，主要通过各种主题论坛和沙龙，帮助用户认识更多的合作伙伴和同行，建立商业连接；第三个则是创新服务板块，主要通过陆家嘴股权投资联盟，为用户提供真正的价值，比如对接创业投资和产业投资，集中采购一些投后管理的服务，并联合起来对外主张权益等。

通过重新界定用户和重塑产品与服务，陆家嘴传媒从一家传统的泛金融媒体，转型为一家更垂直和有深度的专业服务机构。

这种做法其实并不新鲜，很多媒体机构都在这么做。比如在2017年8月份刚刚上市的创业黑马，前身就是2008年牛文文创办的《创业家》杂志。2011年，牛文文意识到，杂志的价值不再是为了满足读者的阅读需求，更应当为他们解决问题。于是，《创业家》跳出杂志思维，打造了黑马会、黑马营、黑马大赛三个层级结构的"黑马商圈"，通过大量的创业活动，比如创业分享会等，把全国各地的创业者聚集在一起。大家既能一起阅读学习，还能在创业中一起行动。

另外，牛文文团队选择了比较优质的创业者群体，创立了黑马学院，提供创业培训服务。之后又成立了黑马基金，投资优质创业企业，还和一些地方政府合作，提供免费办公室资源，做创业孵化器。

这样一步接一步，《创业家》从传统意义的媒体机构，自然过渡为一个集合传媒、培训、投资为一体的综合性服务机构，围绕创业者提供服务。2015年，《创业家》完成了自己的使命，正式更名为"创业黑马集团"。

无独有偶，另一个创业平台《创业邦》也是从杂志起家，开始很辛苦，后来用媒体思维，开始做"创业邦100榜单"，最终入选的公司，都是该年度最具潜力的创新公司，京东、唯品会、蘑菇街、美丽说、大众点评、陌陌等互联网公司都曾登上过这份榜单。

在榜单的作用下，《创业邦》举办创业训练营，也从中挖掘一些潜力股进行投资培养。从媒体到培训再到投资，他们不再纠结于原有产品的形态，而是挖掘消费者的新需求，通过整合或跨界方式，为消费者提供服务，从而完成自身的转型。

咨询公司也在变革自己的服务

以产品为主的公司可以朝着服务转变，那么服务型的公司可以有怎样的改变呢？我们拿咨询行业来说，传统的咨询行业提供的价值主要是通过一些访谈，分析案例，最终给客户一个报告，服务过程就结束了。但现在对于企业而言，这样是不够的，请咨询公司过来，最终目的是解决企业问题，而不是一个方案。

当然，方案可以是解决问题的起点，但更重要的是怎么把方案更好地落地。现在的咨询公司不仅要会做报告，还要能手把手教管理层，把报告落地下去，这是客户需求对公司业务升级的倒逼。于是，很多咨询公司开始介入做培训，不仅要出方案，还要帮助管理层提升能力，帮助他们更好地把方案落地。同时，咨询公司还可以形成自媒体平台，面向个体消费者销售一些有价值的内容产品。

麦肯锡，就是一个标准的精英咨询公司。这家公司主要为大型公司CEO服务，给出数据调查报告，为CEO的决策指明方向，并且帮助CEO说服董事会和下面的管理层，推进方案的落地执行。他们的客户都是100亿以上规模的大企业，合同的标的大都是1000万元以上。

在很长一段时间里，麦肯锡是不参与公司执行的，这里面有一些缘故。这家企业的创始人詹姆斯·麦肯锡（James O.McKinsey，1889—1937），是芝加哥大学教授，他在1925年创立了Mckinsey and Company事务所，把精力放在咨询上。1935年他完成了在商业零售公司马歇尔·菲尔德公司（Marshall Field & Company）的管理咨询合同。詹姆斯·麦肯锡在马歇尔公司的成绩得到了该公司董事会的认可，所以他们聘请他为总经理和董事长。

遗憾的是，三年后，麦肯锡因病逝世，年仅48岁。咨询界的说法称，麦肯锡过度投入于马歇尔·菲尔德公司的工作，影响了身体健康。所以，麦肯锡公司在创始人去世后的很长时间内不再参与落地执行工作。

直到近几年，麦肯锡这条不成文的规则才一步步打破了。如今，麦肯锡在中国提供的服务包括构建商业数据、分析数据、优化营销策略，以及顶层产品设计等，同时也开辟了一对一的培训服务，为公司的管理层开设教导课程，培养个人的领导力和管理能力。

合益集团（Hay Group）也是一家全球性的管理咨询公司，总部在美国，过去的主要业务是通过咨询服务，协助相关组织的领导人将战略转化为现实，是一家典型的B2B公司。

2015年，人力资源猎头公司光辉国际（Korn/Ferry International）用4.25亿美元收购了合益集团。收购之后，光辉国际把人才管理、领导力项目并入合益集团。

有人说，合益被收购意味着它所引领的能力素质模型时代终结，这是非常幼稚的观点。这次收购，其实是两大咨询公司的共同转型。通过收购，实现资源互通，重新整合业务，开发更多优质的产品。目前，这家公司正计划推出音频产品，从传统的2B项目向2C项目蔓延，针对普通的职场人士，帮助个人经营职场。

通过音频节目，光辉合益这家咨询公司就拥有了媒体功能，实现了服务的产品化，在吸引更多个人客户的同时，还能扩大品牌影响力。正是因为他们看到了个人客户的需求，跳出行业看市场，才做出了新的产品改变。

未来，产品和服务的融合将会越来越深入，创新方式也会增多。人类的想象力和创造力是无穷的，有时候不是没办法再向前一步，而是你没能转变思维方式，所以才找不到突破口。

企业家要成为首席产品官

公司转型的核心在于创新，创新首先是产品服务的创新，然后才是营销方式、销售渠道、管理方式、组织构架以及成本结构的创新。产品服务是公司的核心所在，也是转型的抓手。公司要为客户创造价值，那么产品和服务正好承载了消费者价值的载体，公司所有的运营行为，都是围绕产品服务展开的。而公司产品服务，也是公司能力和核心竞争力的最佳展现。

一个很有趣的现象是，在一个相对比较稳定的年代，CEO动辄谈战略、谈文化。但在一个变革的年代，CEO更多地谈产品和服务。为什么？

简单来讲，在一个相对静态的环境下，产品服务也是静态的。作为一个CEO，首要任务是让产品服务更加高效、创新。所以这时候，营销、成本结、组织管理可能更重要。

在变革时代，产品和服务是在迭代更新的，大家更多比拼的是产品服务的品质。产品是公司得以发展的基石，如果没有品质，战略、运营、成本等其他都是无本之木。一个企业转型的重要表现之一，就是CEO对产品服务的重视程度越来越高。

现在创新企业的CEO都自称是产品经理，比如乔布斯、马化腾、扎克伯格。这些人都是技术出身，对产品很专注的人。马化腾最喜欢的自我身份描述是"软件工程师"，他会花大量时间使用产品，尤其是微信、QQ等核心产品。多年的技术经验，使马化腾能够快速地找到产品问题，调整产品走向，优化用户体验。

那么，怎样才能成为一个产品经理呢？

首先，领导者应当是一个专业型人才。互联网行业的从业者要懂技术、懂产品设计，养猪的要懂怎么把猪养好，这个道理是一样的。我们常常把那些能够专心做好产品的人，叫作"匠人"。

2012年，褚橙在全国出名了。这个冰糖橙的创始人、种植人褚时健，就是一个典型的专业型产品经理。褚时健老人80多岁了，在他的一生中做过五样产品：酒、糖、纸、烟和橙子。每一样产品都有不同的技术，而难得的是，他每次都能从零学习，从外行变成专家。

《褚时健管理法》一书总结认为，"褚时健能做成一件件事，很大原因就在于他掌握了很多开创性的秘方，这些都是他不断钻研和敢于突破的结果，这也是褚时健手中的产品很难被别人复制的根本原因。"

比如，在种植褚橙的时候，褚时健就自己学习种植技术，制作出了独家的肥料。褚橙的有机肥由鸡粪、烟末以及榨甘蔗后废弃的糖泥等多样元素组合而成，这是褚时健无数次试验后的成果。

其次，一个优秀的产品经理人，一定会发自内心地热爱产品。2010年，联想控股成立农业投资事业部，涉足现代农业投资领域。2012年8月9日，联想佳沃集团正式成立，聚焦于水果、茶叶等细分领域。他们不仅为优质的农业项目提供资金支持，而且在种植技术、管理和营销等方面全面介入，相当于对原产品进行重新打造。

2013年，佳沃选择了蒲江猕猴桃作为首推产品。在做产品营销方案时，品牌设计方提出希望用联想集团创始人柳传志的名字为产品命名，叫作"柳桃"。用企业家名字为产品命名，是有较大风险的。如果产品不尽人意，企业家本人的信誉也会受到影响。农产品这样的非标化产品，暗藏的风险比其他产品大。

出乎意料的是，柳传志一口答应了这个提议，"柳桃"自此诞生。之后，柳传志不管走到哪里，都会提到"柳桃"，每一次讲话中，他都会非常真诚地把佳沃的柳桃和蓝莓介绍给大家。因为他的影响，佳沃品牌水果很快进入了大众的视野。

柳传志是带着"豁出去了"的心态做农业的，如果不是对产品发自内心地热爱，他不会同意用自己的名字命名一款产品，并且用自己的信誉为产品做担保。有多大的热爱，就会主动承担多大的责任，一个企业家如果足够热爱产品，那么他一定会不遗余力地为产品做贡献。

最后，企业家产品经理人要能够带动员工和客户的情绪。

小米创始人雷军每次在台上介绍小米产品的时候，总是声情并茂，带动台下的听众们一起为产品欢呼。2016年，雷军在印度发布小米产品时说了一句："Are you OK？"引发全场爆笑，同时这句话又再一次为小米做了一次免费营销。

和雷军立下"十年赌约"的格力电器董事长董明珠，也是一位企业家产品经理。格力的发展史，格力的每一款产品，董明珠都能如数家珍。竞争对手的产品，董明珠也非常了解。一个公司的领导人，不仅要懂自己的产品，而且还要懂得对手，才能把握好整个行业的发展脉络。

一个优秀的企业家，在给别人讲解自己的产品时，一定是滔滔不绝的，听众能够从他的言语中感受到，这是他投入心血打造的产品。企业领导人对于产品的热爱，能够调动员工积极性，能够刺激技术人员的创造力，同时也能感染消费者。

如何打造从 B2C 到 C2M 的未来产品？

电子商务始于B2C，商家利用电子商务网站把货卖给消费者，但随着消费升级和互联网便利化，消费者可以更深入地介入产品的设计和制造中，因此大规模定制的C2B成为新趋势，随着工厂改造信息系统，甚至可以绕开商家，C2B直接升级为C2M（ Customer-to- Manufactory，即"顾客对工厂"）。

以前做产品，先是通过大量市场调查，去挖掘市面上需要的产品，对比市面上同类产品，做出一个产品，加以测试改进，再进行大规模生产分销。这个过程，产品的设计研发由企业主导。在设计和生产过程中，或许会进行市场消费者的调研测试，但对决策的影响比较小。

现在情况发生了变化。在产品的设计制造方面，消费者的参与程度越来越深，尤其在互联网产品中，比如小米手机。消费者提出需求，公司判断其需求的合理性，做出产品后，邀请内部外部认识体验，提出意见，不断优化，从粗糙到精致，从样品试验到规模化推广。

今后，传统工业品的设计制作也会变得更加开放，消费者的参与度会更高。消费者生产产品，这是一种新趋势。其特点有，产品的设计制造过程就

147

是营销过程；提出产品要求的人，就是未来的目标用户；由目标用户定义产品特质，满足他们需求，他们可能成为第一批的消费者。

在工业4.0时代，生产制造工厂将和消费者见面，彼此直接联系，给原流程带来颠覆。回望过去20年，互联网对传统行业的冲击，有几个阶段。第一阶段是把互联网作为营销工具、传播工具。比如门户广告、微博、微信等。这些互联网工具更多的是改变了营销方式。

第二阶段是在渠道层面，电商崛起。以前买东西，要到线下的实体店去买，但现在可以在线上买。

在第一二阶段后，产品制造厂并没有发生变化，他们还是只负责产品生产。但实际上，产品生产环节已经受到了互联网的影响。最近几年，伴随大量C2B企业的诞生，消费者对产品生产的干预已经显现。

B2C是指，一个企业把产品生产出来，通过电商渠道卖给消费者。这时候，电商只是一个销售渠道，是产品交付的通道。C2B企业就不一样了，他们不一定拥有工厂，而是先收集消费者需求，然后再去和供应商谈，以很低的价格下订单，实现产品个性化生产。

比如尚品宅配，它的商业模式就改变了家具的产销流程。消费者购买家具通常有两种选择，要么是买成品，但是大小尺寸可能和实际有出入，缺少个性化；要么去找一个企业，完全定制，这样成本高，质量还得不到完全保证。

而尚品宅配做的，是先通过大量的终端门店去吸引消费者，采集消费者需求，让消费者提供相关尺寸，把材料、颜色、尺寸和款式确定之后，再向工厂下单。这样的做法有两个好处：1. 产品更符合消费者个性化需求，包括尺寸颜色风格材质各方面；2. 尚品宅配提供的模版是有限的，工厂接单后能够大规模生产，控制了生产成本，还能够享受定制带来的差异化优势和品牌溢价。

可以说，尚品宅配的C2B模式是B2C到C2M的一个过渡期。未来，企业工厂可以直接建立与消费者联系的终端，消费者输入自己的需要，然后在生产端完成个性化生产。海尔工厂就在做这件事情，不过它也还停留在风格设计、外观方面，暂时并没有往深层技术扩展。

目前，用户可以通过定制平台——海尔商城，根据个人的喜好，自由选择产品的机身材质、用料、喷涂颜色、图案等等，海尔工厂接收定制订单后，就能为用户生产定制冰箱了。

如果说电商降低了产品的租金、营销成本，那么C2M将颠覆生产，降低传递价值环节的渠道、营销等成本。工厂直销意味着，消费者能够用相当于批发价的价格购买到产品，产品将获得巨大的价格优势。比如，优衣库就没有代理商概念，全是直营，从工厂到终端直接销售，不仅运营效率高，而且零售价格更低。一套羽绒服，按照传统的代理销售，出厂价500元，零售价必须卖到2000元才能保本。但如果是工厂直营，可以只卖800元。

在升级的产品生产流程中，消费者不仅能够享受到工厂直销的价格，而且能够参与到生产设计制作过程中，用接近于批发的价格购买到定制化的产品服务。对于厂家来说，先收款再生产，可以实现零库存。位于山东青岛的红领西服就在做这样的尝试，这家公司以前是做外贸西装的，后来觉得外贸市场萎缩了，就想开发国内市场做西服定制。

　　和所有定制业务一样，西服定制也遇到了周期漫长和制作成本高的问题，导致对消费者的吸引力不够。后来红领西服就投资2亿多做了一套男士正装定制系统，取名"RCMTM"（Red Collar Made To Measure，红领西服个性化定制），对西装的每个环节进行分解，比如袖长、花纹、衣领宽度、颜色、风格、版型等，供顾客组合搭配。

　　顾客量尺寸之后，输入系统，并选择自己喜欢的版型、颜色、花纹等，红领西服的后台就能接收订单，安排工厂生产。一周的时间（传统服装定制需要三个月时间），顾客就能拿到定制西服，如果有不满意的地方，还可以返还工厂修改。

红领西服的定制之路

红领西服的定制流程
顾客到店提出需求
↓
合作店面收集顾客数据
↓
数据打包发送红领进行审核
↓
红领审核后与客户沟通形成最终制衣方案
↓
红领独有的大规模自动化工厂进行生产
↓
7天左右成衣发送到合作店面

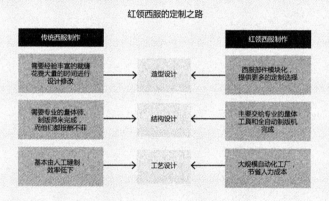

红领西服的定制之路

传统西服制作		红领西服制作
需要经验丰富的裁缝花费大量的时间进行设计修改	造型设计	西服部件模块化，提供更多的定制选择
需要专业的量体师、制版师来完成，而他们都报酬不菲	结构设计	主要交给专业的量体工具和全自动制版机完成
基本由人工缝制，效率低下	工艺设计	大规模自动化工厂，节省人力成本

　　红领的C2M模式对生产商来说是一种挑战，要做到产品定制生产，必须上有核心系统，下有很强的供应链，这样才能把速度和成本优化。

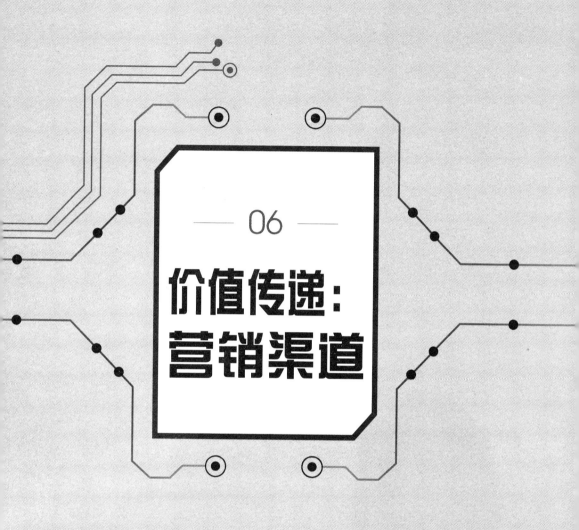

06

价值传递：
营销渠道

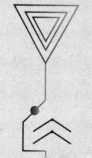

Ⅱ 这个时代变化最快、最多样化的是什么？我想一定是营销渠道。很多时候，企业的阵脚不是被产品创新打乱的，而是被层出不穷的新营销、新渠道搞得眼花缭乱，不知如何是好。

如今，营销和渠道之间的界限已越来越模糊，两个原本独立的环节，不断融合，形成了新的价值传递路径。同时，营销渠道和研发生产之间也在互相影响、互相作用。

营销渠道变幻莫测，通过某个小渠道暴富的传闻从未断绝。在企业忙于抓住新渠道的时候，不妨停下脚步想一想，你的用户在哪里？有了目标之后，才能做到有的放矢。明确了用户位置，才有可能摸索出新的方法。

任何时代，消费者研究在营销渠道中都发挥着重要作用。未来，在新科技的助力下，消费者研究还将继续深入，取得新成果，而企业将是这些新成果的直接受益者。当消费者的面纱被一层层揭开，新的营销时代即将来临。

阅读前思考的问题：

1. 你见过哪些有创意的营销办法？

2. 在营销渠道上，哪些在变？什么不会变？

3. 运用营销新技术的关键是什么？

4. 如何做好线上和线下融合？

营销与渠道合流

我的一个女同事最近迷恋上了观看淘宝直播。和很多年轻女孩一样，她也为如何打造更精致的自己而苦恼。在淘宝直播里，包括"全球精选"、"美妆"、"新势力周"、"才艺秀"、"母婴"、"逛吃逛吃"等各种细分板块，这些板块消费导向明显，成为使店铺流量大增的最佳入口。

2016年5月，在经过了试运营之后，手机淘宝正式推出"淘宝直播"平台，不仅涵盖母婴、美妆、潮搭、美食、运动健身等，还有全球购物达人带着粉丝们逛梅西百货、漫步时尚之都的街头……消费者可以通过淘宝直播频道、微淘频道直接收看相关内容。

每时每刻，该平台的观看人数都在增加，入驻主播也在不断增加。每晚8点到10点，是观众收看直播最踊跃的黄金时段，大家一边看一边购物，不用退出直播就能直接下单主播推荐的商品。

娱乐明星柳岩直播10分钟就卖出了2万件核桃、4500件柠檬片、2000多件面膜和太阳镜；美妆达人"乔希先生"开店一个半月的时间，就把店铺做到钻级。

新的营销方式上演着新的商业神话。

2017年3月28日下午2点，网易味央养猪场首次站到消费者面前进行直播。网易考拉直播、网易CC直播、bilibili直播、斗鱼直播等七个直播平台全程直播。有意思的是，观众们一边看直播，还能下单参与众筹。众筹上线仅17分钟就突破100万，25小时突破500万，56个小时突破1000万，截至3月30日10点，已突破1500万。

2016年5月，优酷直播《ELLE世界时装之苑》封面明星陈伟霆的拍摄全程，仅15分钟直播便引发106.9万人同时在线围观。粉丝们不仅全程观看，还通过直播购物功能预订该期杂志。从三天前的预热期到直播结束，《ELLE世界时装之苑》陈伟霆封面刊预售量达15000本，创下历史新高。

同样2016年，途牛影视携手花椒平台，直播演员颜丹晨"量子号邮轮行"。在直播活动中，途牛通过口播方式发放旅游券，成交额破100万元。

在互联网的作用下，营销和渠道的边界越来越模糊。就拿淘宝来说，消费者浏览商品页面的过程，包括看买家评论，其实就是一直在接受产品的营销信息，好的模特、漂亮的图片、贴心的文字介绍，又或者买家好评，都有可能成为消费者的购买理由。消费者搜索、浏览、决定购买、完成购买的整个流程在网页上一步到位，营销和渠道在网络上合二为一。

再比如说微信公众号，一篇营销软文的页面中，营销者一定会"提醒"消费者，点击页面某个链接或者进入微店，就能够购买到文章中介绍的产品。营销和渠道的无缝连接，缩短了消费者的决策时间，既然购买如此方便，为什么不立即拥有呢？

"现代营销学之父"菲利普·科特勒认为："营销渠道是指某种货物或劳务从生产者向消费者移动时，取得这种货物或劳务所有权或帮助转移其所有权的所有企业或个人。"简单理解，营销渠道就是商品和服务从生产者向消费者转移过程的具体通道或路径，起点是生产者，中间参与者是商品流通过程中各种类型的中间商，终点是消费者（生活消费）和用户（生产消费）。

以前，我们所说的广告只扮演促进渠道流量、刺激交易的作用。尽管知道要为消费者提供服务，但消费者是谁，在哪儿，我们不知道。后来又通过大量市场调研，去了解消费者诉求。但这种方法只在静态环境中有效，现在的效果越来越差。

小时候，在电视报纸上有大量洗脑广告，比如脑白金。通过不断重复刺激，商家希望在受众脑子里建立比较好的形象，这时候广告就是营销。但后来，强推效果越来越差，大家反感强力野蛮的硬灌输。

随着消费者了解的信息越来越多，他们不会轻易接受营销推广。广告和软文的界限变得越来越模糊。这时候商家开始用讲故事的方式来传递品牌价值，引发了营销网红的崛起，用好的文字承载营销理念，直接转化为销售。

过去，广告和销售是分开的，不是直接关系。投了广告之后，有可能会带来流量，两者之间有因果关系，但不是强关联。广告转化为流量的过程不可控，也不可测。当时的购买流程是这样的，消费者看到了一条广告，可能会在一年后才去实体店或网上购买。所以，广告界流行这样一句话："我知道我的广告一半被浪费掉了，但是我不知道是哪一半。"

现在的情况不一样了，营销和渠道融合，营销平台拥有了销售功能，消费者接触到广告的那一刻，就能直接点击购买。商家能够清楚地知道，这个营销平台带来了多少订单。随着互联网的推进，消费者可以实时反馈自己的需求。这时候可以说，营销是为消费者服务的。这个过程让消费者获得了更大的用户主权，有了更大的权益。

互联网对传统企业改变，是从营销开始的。一个企业要转型，先去审视营销，重新分析消费者购买行为，重新设计研发产品，他们平时习惯的渠道载体去影响他们，用更便捷的方式，让消费者快速获得。

读懂消费者

过去60年，营销变化很大。1956年，美国营销学家温德尔·史密斯（Wender Smith）提出了市场细分（Market Segmentation）概念。岁后，菲利浦·科特勒进一步发展和完善了温德尔·史密斯的理论并最终形成了成熟的STP理论 ——市场细分（Segmentation）、目标市场选择（Targeting）和市场定位（Positioning）。

STP理论强调的是，瞄准细分市场，寻找目标用户，完成定位。20世纪60年代，密歇根州州立大学教授杰罗姆·麦卡锡（E. Jerome McCarthy）提出了4P理论，这个重要的营销学概念风靡了半个世纪，广为人知。

4P理论认为，商品营销最重要的四个环节是产品（Product）、价格

（Price）、渠道（Place）、促销（Promotion），企业应当为消费者创造最好的产品、最合理的价格，打通销售渠道，以及举办促销活动。从4P理论开始，营销者开始放低姿态，主动向消费者靠拢，学会了从消费者需求出发。

随着消费者的个性化特征越来越明显，营销理论也在发生新的变化。20世纪90年代，美国营销学者罗伯特·劳特朋（Robert Lauteerborn）教授提出了全新的4C营销理论，4C分别代表消费者（Consumer）、成本（Cost）、便利（Convenience）和沟通（Communication）。

学术界认为，4C理论的提出，宣告着以消费者为中心的时代来临。在买卖双方的关系中，买方的地位越来越重要。

我们可以看到，4C理论其实是从4P理论的基础上，在每个环节植入消费者概念，从冷冰冰的产品、价格、渠道、促销，变成了有感情的消费者、成本、便利和沟通。4C理论要求商家转变思维和方式，多为消费者考虑。

近几年，美国西北大学整合营销传播教授唐·舒尔茨提出了营销SIVA系统，从消费者出发，重新解读了营销。

SIVA系统，S代表了解决方案（Solution），I指的是信息（Information），V是价值（Value），A是渠道（Access）。在决定消费之前，消费者会首先思考：如果要解决我的需求或者问题，有哪些方案（Solution）可以解决这些问题？哪些信息（Information）对解决问题有用？解决问题的方案有何价值（Value），要付出什么？从哪里（Access）能够解决问题？

和其他营销理论最大的不同是，SIVA系统是消费者的思维分析，营销行为的发起者和主导者从企业变成了消费者。

那么，当营销发生了变化，消费者主导力越来越强之后，企业该怎么办？企业需要做的，是通过合适的渠道，在合适的时间，以合适的内容和形式，出现在消费者面前。

从营销理论的变迁中可以看到，在营销过程中，消费者的地位越来越重要，牵引着企业的神经。在半个多世纪的时间里，商家们耗尽心力，只为了读懂消费者，了解消费者在想什么、需要什么，他们愿意为什么买单。

在互联网的影响下，商家的愿望终于有可能实现，或者说离梦想又近了一步。现在的广告的精准性提高了，大数据可以分析消费者，知道谁可能是我的消费者，再进行目标投放。消费者在哪里，用什么方式接受讯息，商家就要到这些媒介平台上去找这些人。比如，现在大家不看报纸了，而是看微信、喜欢追剧，那么商家就要从这些渠道去吸引他。

2013年，美剧《纸牌屋》大获成功，成为利用大数据科技读懂消费者研究的一个经典案例。这是一部以政治为题材的美国电视连续剧，由Netflix公司制作，大卫·芬奇、鲍尔·威利蒙联合制作，凯文·史派西主演，改编自英国同名小说。

《纸牌屋》的导演、演员、剧本情节、播出方式等细节，都是基于Netflix公司的消费者大数据分析得来。比如，Netflix发现，喜欢观看1990年BBC版本《纸牌屋》的观众，经常观看著名导演大卫·芬奇拍的电影，同时，他们也是奥斯卡影帝凯文·史派西的忠实粉丝。于是，《纸牌屋》的导演、主演就此决定。

再以预告片为例，在《纸牌屋》上映前，Netflix做了10个版本的预告片，每个版本都是根据用户之前的观影习惯推荐给不同类型的用户。例如，如果你是凯文·史派西的粉丝，推荐给你的就是他的剧情特辑。如果你看过许多爱情题材的影片，你看到的就是一部以男女情感为主的特辑。

观众们观看的时候，惊喜地发现，这部剧所有的一切都是那么恰到好处。的确，大数据技术越来越发达，我们可以用科技来预测美国下一任美国总统，预测一场球赛的胜负，或者去分析一个人是否可能成为明星。而这项技术最重要的贡献，是因为有了它，商业对消费群体的分析又向前了一大步。

在过去很长时间，商家只能凭经验和想象，去推测消费者的喜好，那些敏感度够强的人能够捕捉消费者的真实想法。如今，消费者神秘的面纱将一层层揭开，他们喜欢什么、不喜欢什么，都可以毫无保留地展现在商家面前。以前想象不到的事情，现在真实地发生了。

未来几年，大数据技术将从专业理论层面走向现实，融入人们生活中，不管是零售业、医疗、教育，还是金融、物流、房地产，各行各业都将运用这项技术，帮助企业更好地规划、生产、营销……在任何领域，如果可以拿到数据进行分析，就会取得进步。

线上线下加速融合

O2O的概念，三年前还很火，现在越来越少提了。以前马云常说电商颠覆线下，现在也不说了。不是说这个概念不对，而是大家现在都觉得这是理所当然的事情。

互联网刚兴起的时候，线上和线下是分隔开的。线上营销，就在线上消费；线下打广告，刺激的是线下消费。但现在的情况是，线上打广告引流到线下销售。

比如，到了一个地方想找家好吃的餐馆，以前就是边走边看街边的门店，现在是打开手机相关App选择一家评价好的，然后根据地图位置找过去。再举个例子，消费者在一个体验店里，看到一款不错的电视机，但暂时不能决定是否购买，他不用担心门店上的货会卖光，因为回家后还可以在网上下单。

在网店刚流行的时候，很多品牌商家很犹豫，比如手机、电脑、家电，他们的线上成本和线下成本差异大，导致线上和线下的定价不一致，以至于同一品牌的线上渠道和线下渠道大打价格战，内耗巨大。但后来，线上渠道的成本不断上升，线下渠道的成本在降低，两者之间的差距缩小，产品的价格也就保持一致了。

企业最开始做电子商务的时候，立马会想到要单开辟一个部门去运营，但发现效果不怎么好。建立一个电商网站，在技术层面很容易，但是电商的核心在于流量，如果没有流量，再漂亮都没用。传统企业在电商流量上的吸引力，是天然弱势的。就好比在大沙漠里面，建了一个大的别墅，很漂亮，但没有人来，很难转化为实际交易。

未来，传统企业绝大多数会选择第三方电商平台合作。自身负责做好产品，营销渠道和强势平台合作，这样会形成比较完善的商业生态。没有企业是万能的，不可能什么环节都擅长。所以，尽可能是自己占领价值链的一个环节，把这个环节做到极致。把其他环节外包出去，和别的强势力量合作。

营销渠道的未来，是线上和线下相互融合的过程。O2O的概念正在消失，企业要做的是利用营销渠道去建立更好的用户体验。

对于线上渠道还是线下渠道的选择，没有那么重要，或许会偏重某一方面，但两者并存的状态会持续下去。有一些非标的产品，比如服务，在拓展线上渠道的同时，还是会继续在线下耕耘。教育培训业的变化很明显，在线上，消费者可以购买视频录播、视频直播、音频等产品完成学习；在线下，各种培训班、论坛、沙龙、见面会，仍然在如火如荼地举行。

有一些大宗消费品，要实现线上交易的难度比较大，比如汽车，通常需要用户实际体验之后来决定购买，这样的产品更需要搭建线下渠道。但这并不是说他们就不需要线上渠道了。这些企业要做的，是利用线上营销，提升线下体验。

2016年，海尔的官方微博火了。在这之前，海尔说要做线上新媒体，很多人不理解，冰箱还需要新媒体吗？天天在网上吆喝卖冰箱，难道不招人烦吗？等海尔的官微火了之后，大家恍然大悟，原来新媒体还能这样做。

故宫淘宝的微博发了一条微博说，有人建议设计一款冰箱贴，取名"冷宫"。于是，一位粉丝转发这条微博，并@海尔官方微博，建议海尔和故宫淘宝合作，做一个外观是宫殿的迷你冰箱，宫牌打上"冷宫"二字。

海尔官方微博在第一时间回应粉丝微博说："容我考虑考虑。"很多网友觉得不可思议，印象中一个冷冰冰的官V，它竟然回复我了。有趣的是，海尔的官微不仅会回应粉丝的召唤，而且还喜欢主动评论留言。很多网友浏览微博，目的不是去看博主发的内容，而是为了看海尔的评论。

许多脑洞大开的海尔式热评，让粉丝们大呼"海尔官微活跃得像高仿""以后家电全买你家的"。海尔在线上的营销一方面宣传了自身的品牌形象，另一方面还和后端的生产销售实现了联动。

在回应考虑生产"冷宫"冰箱一周后，海尔用3D打印把冷宫冰箱送到了用户家里，并且寄给他一封信：每一个人的意见对我们都很重要。海尔的另外一款产品"咕咚手持洗衣机"，也是响应粉丝需求生产的。

粉丝给海尔私信说：有时候出差，需要洗衣服，但不太方便，是否能生产一款便携的洗衣机？于是，海尔亚洲团队接到这个用户需求，就把他的概念晒到了网上。微博发出之后，一石激起千层浪，海尔收到了四万多条转发，六千多条评论。

经过用户大数据分析，海尔发现，四川、重庆、湖南三个地方的粉丝对这款产品的呼声最高。这时候，海尔新媒体部门找到海尔亚洲团队，想两部门合作推出便携式洗衣机，一方负责生产，另一方负责运营。

合作的前提是，新产品的外观形状、颜色、名字，都由新媒体征集网友意见来定。所以，海尔在微博上发布了一个叫"我画个洗衣机"的游戏，收到了将近3000幅作品，其中有100幅是非常专业的。在名字征集中，"咕咚手持洗衣机"的呼声最高，所以就采用了这个名字。

没用多长时间，咕咚手持洗衣机就研发成功了——重量200g、随身携带、每分钟能拍打700次、一次洗涤只用一勺水、能清除油渍、口红渍、红酒渍、酱汁等多种污渍，而且只用三节7号电池就能驱动。在发布倒计时15天的时候，海尔在网上发起预约，当天预约量破40万，半年之内这款产品卖到了20万台，而且全是在微博上卖出去的。

通过丰富的线上营销，海尔颠覆了原有的品牌形象，甚至颠覆了家电产品只在线下好卖的既定形象。今后，营销渠道在线上和线下的融合还会继续进行，有很多的创新玩法等待企业去挖掘。市场仍然存在，主要看你怎么去创新组合。

当然，还有一些企业，在某种营销渠道能力上尤其擅长。这里要说到OPPO和vivo两个手机品牌，他们就非常擅长传统线下营销。很多人说，他们的营销渠道很传统啊，似乎没用互联网思维也做得很好。

这是很有趣的现象，首先可以说明，传统营销依然有效，深入到四五线城市建立庞大销售体系，这是一种实力。和其他品牌相比，他们的优势就在于零售终端店遍布，像毛细血管一样，渠道依然强劲。

另外，海量的明星电视广告和户外广告，依然有影响力。OPPO和vivo将4P理论中的渠道（Place）和促销（Promotion）做得很好，花费了很多精力。在广告营销方面，还需要结合具体的市场来讲。

OPPO和vivo在三四线城市卖得最好，因为中国的城市是断层市场。在一二线城市，OPPO和vivo用户不多，因为这些地方信息开放，用户更看重品质，广告信息对他们没什么作用。但在三四线城市，有一个产品摆在市场，而且说是高端产品，相信的用户就会更多。

其实这两个品牌存在很久了，但真正崛起是在这两年，这和手机行业的发展也有很大关系。这些年，手机行业在成熟，不同手机产品的性能在趋同。最开始，苹果问世的时候，无论是外形还是功能体验，自然是苹果最好。后来各家产品越来越像，品质趋同，价格也趋同了。因此，当产品和价格优势都没有了之后，最后拼的还是广告和渠道优势，尤其是在三四线城市。

必须注意到的问题是，狂轰滥炸的营销广告到底能为品牌增加多大的销量？营销投入和客户转转化率是否匹配？这些问题仍然考验着传统营销渠道的践行者们。毕竟，在过去的日子里，很多疯狂过的品牌都销声匿迹了。

实际上，不管是海尔的新媒体玩法，还是OPPO、vivo的传统打法，在本质上都遵循了一个道理，即运用消费者习惯的媒介，创作消费者乐于接受的信息，去吸引他们的关注和购买。当你的目标消费者都在看电视的时候，你为何要去网上找他们呢？

新媒体时代的五条营销法则

2016年中国网民数量达7.31亿人，10年前，这个数字是1.37亿。10年时间，中国网民既是独立存在的个体，亦是属于一个庞大的群体。2006年，当美国《时代》杂志把"you"（指全体网民）选为"年度人物"的那一刻起，新媒体时代的大门已然敞开。

我们先来看一看一位普通中国网民的网络世界：

小易是一个25岁的年轻人，毕业于一所重点大学，在一家知名外企工作。在上海，小易是一个典型的白领青年，他几乎不看电视，不听广播，很少看报纸，偶尔看看杂志。不要以为小易是一个自闭的人，和10年前的年轻人相比，他获取信息的渠道要多得多，朋友的数量也要多得多——尽管有许多还没有见过面。

小易称自己是一个"网络化生存的人"，他用百度搜索信息，上微博看新闻，用微信、QQ聊天，看网络剧，在亚马逊上买书，淘宝上购物，喜欢在豆瓣上和别人交流电影和音乐，爱玩《王者荣耀》，也会看直播，偶尔也在B站看鬼畜视频。虽然他周围的广告比比皆是，不过他更相信使用过这些物品的网友的评价，实际上，他的大多数物品都是朋友推荐购买的。

10年前，小易这样的年轻人还属于那种比较前卫的一类年轻人。不过现在，他们只是万千网民中的普通一员，他们的成长经历和互联网的发展几乎同步，习惯于用网络来获取信息和发表意见。在现实生活中，他们可能是一个不善言谈的羞涩的男孩，不过在网络上，他们通常是某一个社区的"意见领袖"。

小易这样的年轻人的出现和营销有什么关系吗？关系太大了！营销的一个重要的功能就是和消费者进行沟通，当他这样的年轻人的沟通方式因为网络发生重大改变的时候，如果商家和广告商不能去利用互联网——这种已成习惯的沟通方式和年轻人交流，他们将失去一大批潜在消费者。要知道，这些人是未来的消费主力军。

何谓新媒体法则？

以前的媒体，无论是报纸、杂志、电视和广播，读者和观众通常只是被动地接受信息。他们非常信任这些信息，因为这些信息的发布渠道大都带有一定的官方色彩，信息的权威性也因为信息渠道的相对垄断得到了保证。比如说，许多老百姓会非常相信央视的广告，因为他们相信，在央视上做的广告是非常值得信赖的。

互联网的到来使得媒体的进入门槛被大大降低了。理论上来说，现在每个人都可以拥有自己的媒体。人们正在以前所未有的方式书写和表达自我，寻找受众，无论是多年前博客的兴起，还是现在流行的各种社交网络，都能看到这种影子。

在新媒体时代，不仅每个人都可能会在一夜之间成为明星，而且每个人都有可能摇身一变成为作家、艺人和制作人，这在以前是无法想象的。个人的力量更加强大，他们可以自由地通过网络获取一个产品的信息，也可以通过网络发表对这个产品的评价，人们往往更倾向于相信使用者对产品的评价，而不是广告宣称的一切。

产品和媒介之间的界限也在日益模糊，一些娱乐产品——例如网络游戏，本身既是产品也是媒体。除此之外，一些企业开始设立一些网站，这些网站不是直接去推广它们的产品，而是一个具有某种共同爱好的人一起交流的平台，比如小米社区、华为花粉社区，它们不只是网站，更是媒体。

因此，所谓的新媒体不是一种新的媒体形态，而是一种新的媒体法则。所谓新媒体的法则，它强调个性化、开放性、趣味性、互动性和快捷性，在新媒体时代，消费者也可以是生产者。所谓的新媒体并不是对传统媒体的一种颠覆，它不过是媒体规则的变化，因此新媒体法则也适用于报纸、杂志、电视和广播这样的传统媒体。

新媒体法则改变了什么？

因为媒体发生了诸多变化，改变了人们沟通的许多方式，也给营销活动带来了更多的机会和可能性，从而改变了一些营销的法则。我们经常能看到这样的现象，一些传统公司在媒体上投入了大量的广告费，依然没有达到很好的效果。而像谷歌、百度和Skype这样的公司只投入了很少的广告费用，就获得了很好的知名度。

为什么会有这样的不同呢？让我们来分析一些传统的营销流程。传统的营销流程一般是这样：先选择一些具有广泛影响力的媒体发布广告，获得品牌知晓度；接着，做一些大型活动来成功推出产品，安排媒体采访，建立销售网络。然后，进入实际的销售过程，将产品通过分销渠道交付到客户手里，为客户提供售后支持和服务。

这个过程中，厂家通常控制了营销的全部过程。这样做确实大大降低了营销的风险，但是由于缺少消费者的参与，他们往往只是被动地接受这一切，因此对这样的品牌知晓度和忠诚度普遍不高。但像谷歌、百度和Skype这样的公司，消费者使用其服务的过程就是一个消费者参与交流的过程，因此能大大提高客户的满意度。

再以公关为例，传统的公关方式是由一些品牌专家和公关专家辛辛苦苦为公司设计一个精致的公众形象，然后由公司的首席执行官对外发布出去。这种做法很完美，但往往忽视了沟通的关键之处：真正的沟通并不是自言自语，而是你来我往的交流。公司和消费者之间的互动现在已经成为可能，而且越来越符合人们的期望。

很多人担心这样会有信息失控的风险，实则不然。当一家公司请消费者说出他们自己的看法、体验和选择时，往往能获得一箭双雕的效果：既能获得市场情报，又能赢得客户的信任。通过与客户之间的交流，公司可以了解到那些你甚至没有想到的问题，防止其变成真正的麻烦，而且这个过程通常还可以赢得别人对你的信任。

这样做使得营销过程变得更加复杂，但也增加了营销的效果。让客户参与到你的营销宣传活动中去，请客户将自己的想法告诉你，并向你提出问题，同时给他们一定的空间来发言。这种做法能够使得观众对你更加信赖和忠诚，其作用甚至超过最炫目的广告。甚至一些公司故意向客户袒露一点自己的弱点，来赢得客户的信任感。

　　启明创投的董事、总经理董家骏和约翰·查古拉在2007年第1期的《商业评论》发表了一篇文章，就是讲新媒体是如何改变营销法则的。董家骏和约翰·查古拉认为，正如新媒体的法则不限于在新媒体上使用一样，新媒体时代的营销法则也不限于那些高科技公司使用。对于那些传统公司而言，这些法则依然适用。

　　他们认为，与其辛辛苦苦为公司设计一个精致的公众形象，不如在公司内部找一个真诚的人来代表公司——这个人可以是公司的CEO，也可能是公司的一线员工。比如Six Apart的创始人Mena Trott就拥有一个自己的博客。她是公司的CEO，又非常真诚和健谈，她真真切切地代表了公司的人格，因此取得了很好的传播效果。

　　一些大公司甚至可以通过员工的形象对外宣传公司，这一点对于大公司来说尤为有意义。比如说微软就有一些非常有名的员工博客，他们真诚而富有亲和力的博客超过了公司处心积虑的对外形象宣传。当然，在通过员工博客来对外宣传公司形象的时候，一定要找一些最能体现公司理想并且有能力实现理想的员工，而且适当地加以控制。

　　一些公司开始开辟了自己的媒体空间，采用真实的人，开展真实的对话，加上真实的内容，让受众感受到有趣、好玩、富有魅力，而这些空间也借此成为一个事实上的媒体。耐克则通过树立一种生活方式，利用一些制作精美、滑稽逗趣的视频短片突出球员形象，这样的视频短片往往能获得许多网站的转载，而且不用向它们付费。

　　还有一些公司将更多的预算投入到那些目标定位明确的"一对一"媒体

中去，比如互联网和移动设备。这些精准营销的媒体往往能够比传统的电视和报纸等媒体更加精准地找到公司目标的消费群体，而其能够真正融入他们的生活中间去，和他们亲密接触，增加营销的效果——而且这种营销效果是可以有一些客观标准衡量的。

最重要的是，一旦公司有了什么想法，就要立即去实践它，不要等到已经很完美了再拿出来。比如说，谷歌实验室并不在乎先把那些不算完美的产品推出来，而是让大家对其充分发表意见，然后根据市场的反馈迅速做出修正，在学习的过程中得到改善。从概念上说，它是开放的，不仅让用户发表意见，还邀请他们设计产品。

无论你是大公司还是小公司，无论你身处高科技行业还是传统行业，无论你现在是在传统媒体还是新媒体，都可以将这一套新媒体法则运用到你的营销实践中去。一开始你可能觉得有点太过前卫，无法掌握。Just do it! 这是未来的营销趋势，你别无选择，要么在这种趋势中乘风逐浪，要么被趋势甩在后面。

董家骏和约翰·查古拉在《新媒体时代的五条营销法则》一文中归纳了如下五条法则，尽管距离此文发表已有十年，但其基础地位和核心知识值得每个读者谨记心中。

规则一：个人化。几十年以来，营销就是为公司设计完美的"品牌人格"。但事实上，和客户沟通就像是一场真正的谈话——你全神贯注，想要听到的是自然、轻松、本性流露的人娓娓而谈，而不是做作的装腔作势。所以，与其辛辛苦苦为公司设计一个精致的公众形象，还不如干脆在公司内部找一位真诚的、实实在在的人来代表公司。这样，客户听到的内容就会是真实坦诚的，并且更具说服力。

规则二：开放性。公司往往对自己传达给市场的信息进行严格的控制。然而，真正的沟通并非自言自语的独白，而是你来我往的交流。当你坦诚与客户对话时，你既能获取市场情报，又能赢得客户信任。

规则三：趣味性。建立三种空间可以展现营销趣味性：专业知识和信息的专家空间；激起受众共鸣，并给他们以鼓舞的激发空间；授权客户自己来创造有趣内容的授权空间。

规则四：与客户同在。一直以来，营销开支中的决定性因素是到达消费者所耗费的成本。其实，关注成本不如关注成效。最重要的也许并不是到达他们的成本，而是你到达他们的地点、时间和方法是否恰当。你应该多花些功夫，跟随目标客户并融入他们的生活，在他们需要的时候出现，和他们亲密接触。

规则五：快捷性。把你的创意或产品亮出来，进行开放式的试验，并根据市场的反馈迅速做出修正。只有这样，你才能完成学习的过程并得到改善。

所有这些规则都可能而且应该有一点引起恐慌的成分——但它们绝对值得一试。这是个纷乱狂热的世界，所以，无论你身处哪个行业，冒一点风险，让自己稍稍走远一点，不仅是令人兴奋的，也是势在必行的。

英特尔 20 年整合营销传播之路

当互联网普及后，一个新的世界被打开，它的宽度、广度丝毫不亚于传统市场，让人觉得无边无界。此时，媒介有了能够肆意生长的土壤，同时有越来越多的信息填充进这些新生的媒介之中，传递给不同的消费者群体。

人们原本以为，媒介渠道增多了，流量也会越来越多。但是新的问题出现了，碎片化的媒介把信息分散到了不同的渠道，再也没有一个渠道能够"击中"所有的消费者了。

在只有广播、电视和报纸的年代，商家只需要在其中一个平台打广告，就能覆盖三分之一或者更大范围的受众。然而现在，很多时候，连消费者自己也不知道他们从哪个媒介获取的商品信息，也不清楚自己是在哪个时刻做出购买决定的。

一个消费者的消费路径可能是这样的：某一天晚上，他看到了某饮料品牌的电视广告，屏幕中的明星正好是他的偶像。接着在看一部网络电视剧的时候，他又看到了这个品牌植入的电视剧广告。后来在刷微博的时候，他无意间注意到这个品牌的微博很有趣。某一天，他到超市买酱油，看到了这个饮料品牌在货架上，看起来还不错，于是顺手买了一瓶。

这时候，谁能分辨是哪个营销渠道促成了消费者的购买呢？谁又能分清哪个渠道重要，哪个渠道不重要呢？

互联网渠道打通之前，商家或许不知道消费者是谁，但对渠道的控制力更强。因为，在媒介种类极少的时代，消费者获取信息的渠道无非就是报纸、电视、广播、传单或店牌。

而互联网渠道打通之后，尤其是随着移动互联网的迅速发展，商家和消费者之间突然多了很多条路线。有时候，明明看到消费者在这条路上，结果扑上去发现，他们去了另一个方向。

似乎在不知不觉中，我们就进入了一个碎片化时代。二十年前，几亿人看同一部电视剧，现在不可能了，人们的专注力被媒介分散。一个人可以在同一时间兼顾手机屏、电脑屏、电视屏……这样一来，媒介的营销效果可想而知。

更令人沮丧的是，当商家们决定多管齐下，从多个方向去"围堵"消费者的时候，却发现这样的"土豪"办法也不见得非常有效。有人疑惑：我把各种营销渠道都用上了，不就是整合营销吗？为什么没有效果呢？

这种想法是完全错误的。整合营销，不是简单的整合渠道，而是从产品设计到生产，再到营销推广的系统整合，它不仅是一种营销策略，更具有战略高度。这个概念是唐·舒尔茨（Don Schultz）教授在20世纪90年代提出，全称整合营销传播理论（Integrated Marketing Communication，简称IMC）。

舒尔茨认为，整合营销传播的核心思想是：以整合企业内外部所有资源为手段，再造企业的生产行为与市场行为，充分调动一切积极因素以实现企业统一的传播目标。整合营销传播理论强调，企业应该与顾客进行多方面的接触，并通过接触点向消费者传播一致的清晰的企业形象。

也就是说，产品的营销渠道是系统性的，涉及研发、设计、生产、服务等各个部门的协同，营销内容、营销工具、营销资源都需要整合。当这些独立的营销要素（广告、促销、客服、产品、品牌）综合成一个整体之后，产生协同效应，才可能为企业创造最大利润。

英特尔在1991年进行的"intel inside"整合营销计划，尽管已经过去了20多年，但仍然是营销领域的一大重要案例。英特尔公司选择营销，是被逼的。这原本是一家芯片技术公司，做B2B的生意，自1968年成立后，一直不太关注品牌，所以很少有消费者知道英特尔的存在。

那时候，英特尔坚持的是技术创新，和很多B2B公司一样，它相信只要自己做好产品，研发生产最先进的产品，市场就会买单。然而，就这样生存了三十年之后，英特尔意识到，只有技术创新是不够的。当它把最先进的芯片摆在PC厂商面前时，戴尔、IBM这些客户说：我们不愿意升级芯片，用以前的旧版也不错。

英特尔发现，光靠自己以技术升级驱动下游更新换代，难度很大。为了解决这个难题，英特尔决定面向消费者终端营销。通过品牌营销，占领消费者的心智市场，然后让消费者倒逼制造商使用英特尔的最新芯片。

因此，英特尔提出了广告语"intel inside"，设计了简单鲜明的品牌图案，并将其作为统一标志运用到了所有广告、包装以及公关宣传上。在音频视频广告中，英特尔设计了"deng deng deng deng"的经典广告配乐，简短有力，非常容易记住。如此，在前期的广告设计上，英特尔就营造了一种形象，一种声音的感觉。

做了前期准备和铺垫之后，英特尔成立了一项合作基金。按其规则设定，只要PC厂商采用英特尔的商标，英特尔将会补贴电脑厂商的广告成本。结果，很多PC厂商都在广告补贴下折腰。仅1991年底，就有300家公司参加了这个营销计划。

从此，正如消费者们所见，IBM、惠普、戴尔、联想这些品牌电脑的外壳都贴上了"intel inside"的贴纸，这个标志被认为是可靠、先进的保障。当消费者选购电脑的时候，会去关注电脑上有没有"intel inside"的标志。英特尔很快成为曝光率最高的品牌之一，甚至有消费者以为自己购买的电脑是英特尔品牌生产的。

除此之外，英特尔还嵌入制造商品牌的销售渠道中，在品牌电脑线下门店展示和宣传intel inside的价值，让更多消费者认可英特尔的品牌价值。对于消费者而言，可以不用了解复杂的芯片专业技术，但一提到英特尔就会联想到具有最新技术的芯片，并且产生足够强的信任，这就是英特尔品牌价值的体现。

很多人看到英特尔的营销广告做得风风火火，花了很多经费，但很少人去分析这套营销计划的整体打法。首先，英特尔调动了内部所有资源，包括设计、生产、营运、物流、财务、销售等各部分，将精力集中到支持这项营销计划上来，做到内部为营销执行服务；其次，英特尔将不同的外部合作伙伴进行了整合，包括PC厂商、分销商和营销渠道等，联合了所有能够与最终消费者接触的渠道。

无论是内部还是外部，英特尔都是系统地推动整合营销传播的进行，它不单单是为了品牌营销，而是为了整个公司的发展。"intel inside"营销计划上升为英特尔公司的战略计划，一直持续运行了十五年。

2002年，《商业周刊》评选出年度"全球100品牌"，将英特尔的品牌价值定为306亿美元，排名第五位。直到2006年，英特尔才开始转变品牌营销思路。

在最近十年的历程中，英特尔使用过"Sponsors of tomorrow"（"与你共创明天"）和"look inside"两条新的营销口号。而新的环境变化是，计算机制造业不再像过去那么风光了，全球范围内PC出货量一再减少，导致英特尔芯片的整体出货量和收入也下降了不少。英特尔的新问题就是，在产品和营销上打破对PC的依赖。

因此，英特尔在2016年再次提出新口号——"intel inside makes amazing experiences outside"，意即内部的英特尔芯片让外部世界的体验更精彩，中文直译有些拗口，但英文表达十分流畅。

在名为"Experience Amazing（体验神奇）"的广告片，英特尔让大家认识到，除了计算机之外，3D打印机、机器人生产线、火箭发射、太阳能汽车、智能手表，好莱坞梦工厂制作3D动画的电影设备，以及音乐、舞台、机器人，都离不开英特尔芯片的驱动。可以说，英特尔无处不在。

英特尔希望用新的营销，让消费者了解到，英特尔芯片在计算机之外还有更大的价值。每一次转型都是一次全新的开始，英特尔也是一样，这一次，它还能不能运用最新的科技和营销工具，打赢整合营销之战，大家拭目以待。

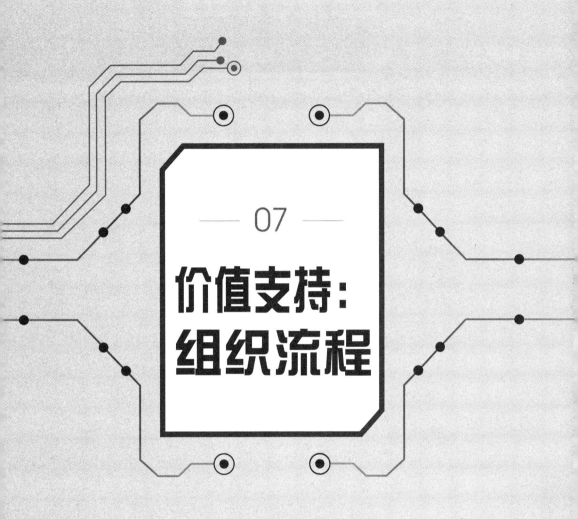

07

价值支持：
组织流程

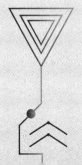

在企业转型中，战略首先要变，这是因为在环境变化后，企业为了在新的环境中取得优势，必须调整战略。然而，企业转型最难的还不是战略，而是组织转型。寻找新方向是容易的，但团队能够高效地沿着既定方向转变，很不容易。

在战略层面，只需要少数的领导者，做好战略规划即可。但具体到战略落实上，就需要团队成员达成共识。

一个组织的形成，需要很长时间的积淀。积淀就会形成独有的企业文化、组织制度，以及相关的工作流程和方法。这些积淀而成的组织体系，能够帮助企业在平稳中前行，具有强大的惯性。

企业的组织惯性通常表现在结构层面，还有制度、流程和文化等方方面面。在平稳发展期，稳定的组织为企业提供坚实保障。然而，在转型期间，所有的事情都变了。生存环境、战略、产品都变了，组织就要改变。

也就是说，企业需要打破辛苦建立起来的惯性，让一个正在前进中的大机器停下来，转变方向或者是进行重新打造。一旦组织变化，个人的能力、态度，组织的结构、相关的制度流程、企业文化、价值观，都会发生很多变化。

阅读前的问题：

1. 什么是组织？

2. 组织的作用是什么？

3. 如何梳理企业的组织框架？

4. 未来组织是什么样子？

企业转型就要打破组织

组织，既是名词，也是动词。名词意义，是指一群人的集合。这个集合可能是一个学校、教堂、公司、国家，都可以称之为一个组织。动词是指，将一群人集合起来的过程。自从有了人类文明以来，就存在组织概念，有合作就涉及组织。相反，一个人单打独斗就不存在组织一说。

公司作为组织存在的时间其实不长，现代意义上的第一个股份有限公司，是1602年成立的荷兰东印度公司，至今也就400多年。在这几百年时间里，公司经历了多次演化。从带有国家性质的组织，到后来一些跨国大公司，组织形式在不断地演进变化。

组织的作用，是为了让战略能够发挥理想的作用，并且为战略执行提供支撑。如果没有组织，企业的价值主张无法实现，那么就生产不出好的产品，也无法很好地营销出去，让顾客买单。

诺贝尔奖获得者罗纳德·哈里·科斯，在25岁写过一篇文章《企业的本质》，他在文中回答了公司存在的原因。他的核心观点认为，公司存在的目的是为了降低人和人之间的交易成本。这句话看似简单，但我认为是非常有智慧的一句话。

如果组织合力不能够达到1+1>2的效果，人们何必聚在一起做事呢？一家企业的运行，涉及研发、生产、营销、配送以及售后服务等等，如果一个人就能做完所有的工作，那么公司就没有存在的必要了。而正因为一个人无法既做研发，又要销售，还要搞配送和服务，所以才有了公司的存在，组织也就由此形成。

组织的作用，是为了让战略能够发挥理想的作用，并且为战略执行提供支撑。如果没有组织，企业的价值主张无法实现，那么就生产不出好的产品，也无法很好地营销出去，让顾客买单。

举例说，一个公司启动了一项营销计划，但组织无法提供相应的内外部资源支持，比如内部的营销团队水平不够，或者外部找不到合适的营销推广媒体，那么由于组织支持力度不够，计划就可能会失败。在组织无法很好地供给资源的情况下，公司战略再好，落地效果也会大打折扣。

企业组织的位置是非常尴尬的，尤其在转型中。一方面，企业需要一个稳定的系统，因为只有稳定的组织结构才能保证运转效率；另一方面，在快速变化的竞争环境中，组织要随着战略的变化而变化。

一个发展正好的企业，证明它的效率很高，对此时此地的环境适应度很高，但同时也就意味着，它很容易陷入"温水煮青蛙"的状态，缺乏对环境变化的感知，对未来变化的适应力就很差。这是组织和转型之间的一个深刻矛盾。

试想，一个喜欢吃辣的人，在他的身体机能各方面都还正常的时候，让他不吃辣的，改吃清淡的食物，他就一定会觉得没有口味，很难改变。但是，如果他因为长期吃辣损害了肠胃功能，得了慢性病，这就相当于逼着他改掉吃辣的习惯，往往这时候成功几率更高。

企业也是这样，在多年的发展中，已经形成了稳定的组织，有了自己的"口味"，要改变固定的口味，很不容易。但是一旦进入转型期，就不得不做出改变。

而我一直强调的是，变化和人性是相冲突的。因为转型不是自然发生的，它是在做一件反人性的事情。人性是什么？人的本性是追求稳定的，即便是那些具有强烈冒险精神的领导人，在一个稳定的框架下，也不敢轻易折腾。有时候企业害怕转型，就是因为生怕一动，组织框架就散了。

但如果真想转型，组织变革这一关必须得过。在一个企业转型中，很难想象，没有任何组织变革就成功了。这和生物进化论是一个道理，在自然社会演变时，外界环境变化很大，如果一种生物还用原有形态去生存，那么它一定会灭亡。

组织变革核心问题在于，怎么让组织能力更好地支持战略实现，新的组织如何匹配新的战略变化。组织能力，既包括个体的新技能，也包括个人的创新思维方式和求变的态度，还有相关的公司体系，涵盖方方面面。

在一家企业刚创立的时候，只有几个创始人在工作，这时候组织很小，不容易出现大问题。只要公司寻求更大的发展，就一定会扩大人员规模。当企业达到一定规模之后，就会有更多的人加入进来，或许每天都有人离开，也有新的人进来。这些形形色色的人员，会在公司里面扮演不同的角色，就需要企业对这个组织进行管理，指挥组织的高效运行。

一般而言，一个企业能存活超过20年，其内部都会有一套严密的运营体系，对人力、财力有合理的分配，以保证企业在任何时候都能保持盈利。在这套稳定体系的支持下，企业作为一个组织，渡过了很多困难时刻，原有组织形态一定是企业的一大"功臣"。这时候，企业为了转型，要让"功臣"退休，还要构建培养新的组织形态，这就成了一门学问了。

转型企业需要打破组织平衡，调配合适的人才到合适的岗位上，在保持既有竞争优势的基础上，升级组织形态，超越自己。实际上，组织转型也是一个循序渐进的过程，它不是一天之内就一蹴而就的，任何后人看起来大刀阔斧的组织改革，其实都经历了一个相对较长的过程。

未来组织三大变化

从企业组织的发展历程来看，我们正处在一个转折点上。在这期间，有一些旧的组织特质仍然存在，并发挥着重要作用。与此同时，新的组织正在代替旧的特性，从一些已有的现象中，可以看出端倪。

首先，第一个变化是组织正在变小。韦尔奇在1992年的GE年度报告中就讲道："我们致力于将小型公司的精神和小型公司的速度植入大型公司的肌体。"从世界范围来看，小公司发展已经成为一种趋势。

如果我问，大家为什么要成立一个公司，很多人的回答会是这样的：我希望团队是稳定的，流程方法是确定的，我需要通过提升组织效率获利。抱着这样的目的，公司就需要全职的员工来维持稳定，减少对外交易的成本。所以企业习惯性地把公司做大，宁愿增加一些内部管理成本，也要不断引入人才，并且希望能够留住人才。

现在你会发现，社会在变化，企业对外交易的成本在降低，人和人之间的信用成本、沟通成本都在降低。以前认识一个人很难，现在很容易，和专家、牛人见面并非难事。社会科技的进步使得外部的交易成本变得越来越低，但大公司内部的管理成本却越来越高。这时候，要做成一件事情，不一定非要在组织内部进行。

以前，为了降低对外交易成本，一家企业可能会承包下所有的业务流程，包括研发、营销、渠道、物流等。但是，这家企业并不是样样在行，它最擅长的是研发，不擅长的是物流。自建物流的原因在于，对外交易的成本太高，不仅价格混乱而且不易管理。如今，物流业竞争激烈，专业化程度上升，企业可以和外部企业合作，用相同的或者更低的成本得到比自建物流体系更好的服务。既然如此，何必继续养一个团队呢？

一个公司可以专注于几个核心领域，把重复性的低端工作外包出去，比如人力资源招聘体系、培训体系，或者一些非核心的部门等。如此，很多为大公司做外包的中小型企业有了生存的机会，未来会出现许多小而美的公司，它们在某个领域非常擅长，通过为大公司提供协作得以生存。

麦肯锡在多年前的一份报告中写过，未来公司将是三种形态共存的局面，三种组织之间相互影响。第一种是鲸鱼，以世界500强公司为代表，指代那些有规模效益的巨无霸公司。在能源业、汽车制造业、金融银行、大宗消费品等领域，这样的鲸鱼大公司是有必要的。

第二类企业称为布谷鸟，它们的作用在于为鲸鱼公司服务，使其更有效地运行。比如物流系统，它能为很多企业服务，让它们更高效地运转。

第三种是益生菌公司，规模较小，专门为大公司服务。典型代表是新的创业公司，它们的目标都是为了给大中型公司服务。比如咨询公司，就是典型的益生菌公司，它们为大企业提供建议指导，能让整个生态更健康。

在未来，会出现越来越多的布谷鸟和益生菌公司，它们可能是新创立的，也可能是大企业内部分化的。因此，在大公司内部，产生了新的组织变化，我们称之为组织结构扁平化，这是未来组织的第二大变化。

以前一个几百人的公司，就会设置5个层级；一个上万人的公司，会有10个层级。这个假设的前提是，一个人最大的管理幅度是7个人，超过7人，就会设置两个层级。照此计算，超过50人，就有3个层级，超过350人，就要4个层级，规模越大层级越多。

现在，这个假设不成立了，企业内部的层级化正在空前削减。随着人和人之间沟通成本的空前降低，人的管理幅度比以前大很多，以前很多企业内部不允许跨部门沟通，认为会损害管理层的权威，现在也不存在了。

　　企业从金字塔组织变成了网状形组织，由上千个工作小组构成，一个小组一个领导带领一群人，这就呈现出卫星状组织。比如海尔，它组织变革的核心就是，让公司变成大的创业平台。2013年，海尔精简组织，辞掉1.6万人，变成7万人。一年后，海尔又去掉了1万名中层管理者。张瑞敏认为，企业里面的中间层就是一群烤熟的鹅，他们没有什么神经，也不会把市场的情况反映进来。

　　海尔把精简后的员工分解成2000多个自主经营体，最小的只有7个人。每个小组织设置一个小微企业主，相当于项目负责人，对小团队的业绩负责。公司作为平台主，提供相关的品牌、资金、资源的调度，还有战略、财物的管控。所以，在海尔，就出现过一个员工孤零零地拎着包去管理被并购的泰国工厂的情景。一个人就代表一个公司，他的背后是海尔的组织资源。

　　依照海尔官方说法，海尔是个没有层级的企业，只有三种人：平台主、小微主和创客。而张瑞敏的比喻是：海尔原来是一艘航空母舰，现在把它拆掉变成一艘艘军舰，然后再把这些军舰组成一个联合舰队，海尔的小微公司好比联合舰队的军舰。之前，组织是依靠层级推动的，现在变成一个个创业团队。企业平台和基层团队，从过去的上下级关系变成了投资人与创业者的关系。

　　未来组织的第三大重要变化是形成无边界组织，这是自从有组织形态以来最颠覆的一个变化。组织最初的成立，就是为了划分界限，组织与组织之间的边界很明确。而现在随着对外协同的增加，组织边界越来越模糊，组织就不再是一个强调自我身份的封闭系统。两家公司可以为了一个项目在一起合作，是不是同一个公司并不特别重要。双方在项目中各取所需，达成双赢。

另外，组织与个人之间的关系也发生了变化。在知识信息匮乏的时代，个体一定要依附于组织才能施展自己的才能，组织平台处于强势地位；互联网出现之后，知识信息的鸿沟不断缩短，个人才能越来越强大，这时候组织搭好架子，要依靠个体的力量去实现目标。

陈春花教授在《激活个体》一书中提出了"水样组织"的概念，她认为，这是未来有活力的组织的理想状态。"水样组织"，顾名思义，即指像水一样的组织。水的特点之一是纯净，不管有什么污染，都可以滤掉；第二个特点是很柔，具有无限多的可能，可以任意变化而且不造成伤害，放在圆的器皿里就是圆的，放在方的器皿里就是方的。

这样的组织形态就是无边界组织的体现，企业可以和每一个个体合作，不管对方是不是你的员工。组织和个人之间是开放的、协同的关系。尽管自由职业者暂时不会成为社会的主流职业，但不可否认的是，一人身兼多职的现象已经越来越普遍了。

人们随时随地可以工作，没有朝九晚五的时间限制，也没有办公区域的地点限制，这样的组织形态将成为常态。这就好比出版社和作家之间的关系，作家创作书稿，出版社以版权费的形式进行"工资"支付，但他们两者又不是上下级关系，也不属于同一个工作单位。

全球最大的职业社交网站领英的创始人里德·霍夫曼在《联盟》一书中阐述了两个极端形态，一种是终身雇佣制，一种是自由雇佣制。前者以日本企业为代表，一旦进入公司，公司就会对你的职业生涯负责。后者是，老板和员工之间没有太大的约束。在这种关系中，可能其他公司薪水更高，员工就走了，而老板也没有真心投入培养员工，这种组织模式缺乏承诺，离职率高。

未来的组织形态肯定不是这两种。一方面，我们需要相对自由灵活的雇佣方式，企业和人才要随着环境的变化而变化。另一方面，组织也不能太过自由，如果个体不投入热情，组织不给员工锻炼机会，那么组织就非常松散，没有效率可言。

里德·霍夫曼提出的联盟制就是一种新形态，雇佣双方明确各自的期望，付出努力。通常的做法是，双方签一份劳务合同，约定好时间、工作范围、薪酬等规定。同时，把大家心照不宣的想法也明确出来，比如作为公司的上司领导者，不仅有责任为员工提供薪水，还有责任培养员工，让员工的个人价值在未来能够持续增值。作为员工，承诺在合同期间，对公司忠诚，为公司工作。

公司和员工结盟后，公司为个人创造价值，个人也能为公司创造价值，甚至个人的人脉也可以为公司所用。秉着契约精神，员工可以获得更多的培养机会，上司也能得到更多的承诺。组织和个人不是谁控制谁，而是互相投资、相互成就，相互贡献依存，这是组织和个人最好的状态。

万科集团正在践行这样的联盟制度，他们内部称为"事业合伙人制度"。万科总裁郁亮认为，职业经理人已死，事业合伙人时代诞生。要知道，郁亮本人就是一个职业经理人，喊出这样的口号，不仅是要掀起万科转型，也是要进行自我转型。

在互联网时代，公司拼的不是公司雇用多少人才，而是联盟了多少人才。未来的组织是，雇用了100个人，但是可以联盟1000个人为公司工作。将员工变为合伙人，这是超前的思想，也是一条艰难的变革之路。

建立高效团队的两大方法

有一家公司反映说，组织部门之间缺乏协作，缺少沟通，事情推动不下去。老板分析认为是企业文化出了问题，所以要在公司倡导"我为人人，人人为我"的文化。实际上，文化固然重要，却不是本质问题。

组织部门之间协作，原因很多，企业文化其实是一个结果，不是原因。这家公司真正需要做的分为四个步骤，每一步的顺序不能调换：

1. 重新梳理组织构架。如果以前的组织构架是和业务挂钩的，你就要重新去梳理产品服务，让组织内部有共同的愿景，达成共识才可能协作。

2. 优化和调动流程去支持目标，而不是用僵化的流程、制度和组织构架去限制个体的潜力发挥。

3. 构建利益机制。绝大多数人都是自私的，为了强化组织利益去牺牲个体利益，大家做雷锋，这是不可持续的。要让大家觉得"我做这个事情，对我是有好处的"，个人利益和组织利益应是同向的、一致的。

4. 最后一步才是企业文化，这是锦上添花的事情。强调企业文化的前提是，其他部分做好了，这样的奉献精神才是顺理成章的。如果前面步骤没有，一味强调文化，就可能让组织陷入虚假的环境。大家表面上说得好，实际做的不是这样。虚假的组织文化，对于团队的凝聚力有害，掩盖了团队矛盾，而不是去解决。

从这个案例中，大家可以思考一个问题：组织是干吗的？其实，组织说到底是为绩效服务，绩效则是和利益挂钩。只有当你把目标、流程、绩效一致化之后再谈文化，才有价值，否则文化就是空的。

转型企业最需要的，无疑是一支强大的团队。从组织管理角度出发，建立一支高效团队离不开两个核心点，一是绩效考核，一是人才激励。

在管理学中，绩效是很重要的。管理学里面有一个定律：一个事情如果无法衡量，就用绩效管理。绩效意味着，我们要去衡量结果。有一段时间，绩效在很多大公司是盛行的。这种做法的目的在于保持管理的一致性和科学性，隐藏的逻辑是对人的不信任和控制。在相对静态的大规模生产的工业社会里，这种精细化的绩效管理方式有它的合理性。但现在，出现了一些明显的弊端。

在大公司里，常常通过平衡计分卡来做绩效管理，考核项目非常繁杂。可能一个人要同时为多重目标负责，个人的一些绩效还要和其他部门协同，还包括相关的价值观等各种考核，名目繁多的考核项让人失去了主动性。另外，绩效评估的打分，随意性很大，这遏制了员工的创造性，扼杀了公司的活力和竞争力，而且还成为办公室政治滋生的土壤。

有人说，绩效管理出了问题，那干脆就不要绩效了。公司员工不要考核了，大家和睦客气地工作。这种想法，就是陷入了另一个极端。其实，绩效管理没有错，而是绩效指标出了问题。

形式主义的绩效管理理应废除，但绩效管理本身还是能够给予公司有效反馈的。在转型时代，仍然需要绩效，员工的薪资奖励应当和绩效挂钩。如果没有绩效管理，很多事情无从判断。绩效是考核个人的重要标准，完全不要的话，不利于个体潜能的发挥。

没有衡量，就没法管理。衡量一家公司好不好，一个很重要的指标是业绩。衡量一个人的价值，一个很重要的指标是绩效。对绩效的评估和管理是公司经营中非常重要的管理行为，没有绩效管理，就无法高效经营。

有了绩效考核，公司才能比较清楚地知道员工做对了什么、做错了什么，并对后面的奖励形成相应的数据支持。尤其在创新型创业公司里，要简化指标，用关键的指标来考核，要把创新元素放在更重要的位置，而不是设定一些死板的行为特征去做。

在绩效指标的设置上，可以粗糙一些，不用那么细，不要设计看上去复杂又很难评估的东西。要给员工更多的时间去创新，集中精力到业务创新上。这是企业在转型时，对人才考核的重要方式，也是人才完成组织目标的压力和动力。如果说企业转型是大目标，那么每个人的绩效考核就是小目标，只有做好了小目标，才有可能朝着大目标进攻。

比如，海尔以前的绩效考核是从IBM引进的，是一个比较庞大的、专业化的、精细的体系，海尔在全集团强制推行了很长时间，组织内部也习惯了这样的方式。

2014年左右，海尔要转型，决定彻底改变原来的绩效考核方式。张瑞敏认为，KPI最大的问题就是，指标定得再明确，定得再明细，并不一定是市场的用户所需要的。所以，在新的时期，海尔不再制定具体的KPI，而是由员工自己确定市场要达到的引领目标是什么，并且自己画出来达到引领目标的路径。

除了改变绩效考核之外，在人员问题上，组织还要从控制转向激励。通过激励措施，给予团队成员更多的支持，为大家指明方向，帮助他们提升能力、激发个体潜能，让他们更好地发挥自己的能力，同时实现组织目标。

激励，是为了刺激员工完成组织战略目标而采取的一些奖励措施。首先，让大家感觉到，工作本身能够给他们带来巨大的成就感，这是一件能够改变世界的事业，值得他们为之拼搏。在精神的感染下，再提供与之匹配的薪酬、奖金、分红、股权或期权，给人才物质激励保障。最后，在日常工作中，恰当的表扬鼓励，举办具有团队精神的活动，让大家感受到这是一个有凝聚力的团队。

每一个组织的成长，都离不开激励措施的作用。再拿万科举例，在推出"事业合伙人"组织新概念之后，到底要怎么做才能构建这样的组织呢？对此，万科提出了两大新的激励措施，将事业合伙人制度落到了实处，看得见也摸得着。

第一项措施，在项目层面实施跟投。众所周知，房地产的项目资金量很大，万科会拿出项目最高资金峰值的5%，让与项目有关的一些人员跟投。这样一来，员工也成为项目的股东，和公司共同承担责任，也共同分享利益。

第二项措施，提出合伙人持股计划。之前，为了鼓励管理层为股东创造更大的价值，万科设立了一个名叫"经济利润奖"的激励措施。只要管理层把万科的净资产收益率提升到超出社会平均回报率，就能够获得一定比例的奖金奖励。现在，在事业合伙人的理念下，旧办法发生了变化。原来的经济利润奖金获得者成为万科集团的合伙人，他们不再领取经济利润奖，而是共同持有万科的股票，共同掌握公司的命运。

所以说，尽管企业在转型，但并不代表以前的老办法就不再采用，绩效考核和激励政策依然是建立高效团队的最重要的方式方法。关键在于，如何让老办法重新获得新的活力，能够为新的企业组织服务。

转型人才的选、用、育、留

二十年前，说一个人是某个单位的人，这是一种赞扬。那时候，人只有依附于一个组织，才能称得上是有前途的上进好青年。相反，个体户就等同于无业游民，自由职业者等于没有工作，这些"职业"都是没有单位的。在那个年代，组织把握了绝大多数资源，处于强势的地位。

如今，组织的作用变了，它更多的是要激发个体的潜能，服务于个人。随着知识工人的崛起，更多的人可以依靠专业的技能生存，他们对组织的依赖度降低。特别是对那些知识性公司而言，当人的重要性上升，组织重要性下降的时候，如果还要用传统的雇佣和管理方式去对待，员工会选择离开。

在稳定发展的年代，公司需要职业经理人，这群管理者听从上面高管的意见，向下管理好员工，负责战略平稳落地，这个职位考验的是一个人的管理水平。但随着组织扁平化，经理层（中间层）就不需要太多，企业要以结果导向。

正因为看到了变化，万科才提出了事业合伙人制度。在新的时期，如果经理人只会管理，没有擅长的技能，是不行的。职场对经理人更高的要求是，他本身要是某个领域的专家，并且能够协同团队，懂得基本的商业逻辑，比以往发挥更大的作用。

人们常把定战略、搭班子、带队伍，看作是企业家最基本的三项任务。在一个静态的组织里，先定战略，再去找到相匹配的人，然后通过建立相关的流程制度和文化去带队伍。但是在一个变革转型的企业，企业家要先找到认可转型的人，再去制定战略，最后去营造文化。

在组织构成的众多要素中，第一要素就是人才，然后才是组织构架、管理方式等其他支撑系统。人才是组织的核心，人才的吸引、使用、激励和培养是重点。这就是我们通常所说的，人才的选、用、育、留（考核激励）。

组织要变革，首先是人才变革、思维变革。一个组织转型里面，第一个困难就是内部大多数人的思维惯性，他们不愿意改变，而真正求变的人是少数。一个领导人要去变革，首先是选择与你志同道合的人才，聚拢认同你的变革理念和方向的团队成员。

在人才的使用方面，以前说人才是德才兼备，以德为先，后来成了很多企业通用的人才观念。但是，这个方面有问题，如何定义"德"，如何定义

"才"，评判标准比较模糊，以至于很多企业对"德"的定义就是单纯的听话。

我认为，一个有德员工的判断标准是，他和公司的价值观是一致的。有的企业，文化价值观强调服从，这时候听话的员工就是德，叛逆就是不德。但如果一家公司要倡导创新文化，听话反而是一种不德。

再说到才能，人们的第一反应是指学历、职场经验等等，这些的确是才能的标准。一般来说，受过更好教育，在优秀公司工作过的人，他的才能会更高。但也并不尽然，大量拥有光鲜职业经历的人，很可能才能一般。反而一些学历经历普通的人，乍看一般，却能在某个岗位发挥很大的作用。

才能分为两种，一是显性，比如学历、工作经历，这些看简历就知道了；二是隐性才能，比如态度、动机、行事方式、对自我的认知，这些是外表看不到的。一个做事动机强、愿意协作的人，能够比别人发挥更大的作用。

所以我们在看人的时候，要结合显性才能和隐形才能来评估。在一些知识型企业的管理层，隐性比显性更重要。显性是一种门槛能力，如果没有的话，就不会到这个圈子里面来，这一层面相对比较好评估。隐性才能，很难通过简历面试去评价，而是要通过工作，尤其是有挑战的工作去检验人才，一个人如果隐性能力不足，没有很强的动机，学历再高也是无能。

在人才培养方面，转型企业的领导者要花大量时间去培养人才，因为你要让企业更多的人认同你的理念，能够跟着你往前走。一条无形的经验是，外来的空降兵很难在企业转型中发挥核心作用，往往是内部提拔的人才能够促成转型成功。

这条"定律"在很多企业都得到过证明。"空降兵"们看起来还不错，但他们缺乏企业的认同度，以及行业的熟悉度，在转型后期很难发挥作用。内部人士就不一样了，他对企业有归属感，对行业的了解更深，更容易爆发能量。

至于留住人才，企业的办法各不相同，但有一点可以肯定的是，人才与企业有共同的目标价值观将起到越来越重要的作用。共同的价值观，既可以吸引人才来，也能够吸引人才留下来。相信很多企业都感觉到了，很多年轻一代的新进员工，他们不太在乎拥有多么高的薪水，却非常在意工作是否有趣，是否能够创造自我价值。

越是有才的人，对工作本身的价值更为看重，而他们自己也有一套价值理念。如果企业的转型目标，正好与他们的价值理念相契合，那么就会产生一拍即合的效果，员工的主动性会大大加强。如果企业和人才的价值观不一致，那么强扭的瓜不甜，再努力也走不到一起。

海尔CEO张瑞敏提出："未来每个企业的CEO的成功，并不在于你的企业为社会制造了多少产品，而是在于你制造了多少CEO；在于是否打造了一个让每位员工实现自身价值的平台，让企业实现永续经营。"这段话反映的理念恰好就是，在未来的组织里，每一个人都要发挥个人价值。

案 例

海尔组织转型的基本逻辑[1]

很多人都看不懂海尔的组织变革逻辑，我曾经也是这样。

3年前，张瑞敏提出要在海尔内部做大刀阔斧的变革，取消组织层级制度，让组织变得更加扁平，并提出"每个人都是自己的CEO"。我当时写了一篇专栏文章，质疑这是一个美好的理想，但操作起来会非常困难。原因很简单：企业家是一种稀缺的禀赋，大多数人没有意愿和能力做CEO，就算张瑞敏大胆放权，下面的人也接不住，落地会非常困难。

3年后再看这篇文章，感觉有些复杂：那篇文章的逻辑没有问题，但我完全搞错了事实。没错，不是每个人都有意愿和能力成为CEO，张瑞敏自然也明白这个常识，所以不能期望每个员工都变成CEO。但把公司打造成一个创业和创新的平台，让所有想成为CEO的创业者汇聚在海尔这个平台上，不仅逻辑上是可能的，而且也是可执行的。

"既然不能把员工变成CEO，那就把CEO变成员工。"这就是海尔激活个体潜能的核心逻辑。不久前我有机会和张瑞敏面对面交流，问他海尔孵化

1　这篇文章发表在2016年的《商业价值》上，文章中的时间以2016年为准。

的小微企业的负责人中，有多少是海尔原来的员工，有多少是外面来的创业者，他回复我说大多数是后者，做得非常优秀的创业者大都有在其他公司工作的经验，有些人还有过多次成功的创业经验。

我反思自己当初发表评论时的草率：仅仅凭张瑞敏的一句话，就利用自己熟悉的方法论加以批判，逻辑看上去都有道理，但离企业的真实情况非常远。这也是很多评论者容易犯的错误，很多人往往连基本事实都没搞清楚就开始评论了，逻辑看上去也能自圆其说，但并不符合企业的真实情况，也没有产生真正的智慧。评论之前，我们需要了解一些基本的事实。

后来我开始调研海尔在组织转型方面的一些具体案例。海尔集团的组织转型非常复杂，以海尔集团旗下一家小微企业作为案例更容易说清楚。

这家小微企业叫海尔洗衣，属于一个海尔集团的外部孵化项目。成立之初，这家公司的控股方并不是海尔集团，而是小村资本管理的磁谷基金。两年前，在新一轮的创业趋势受资源驱动、效率改进、创业要素回归传统商业范畴的大背景下，小村资本专门成立了这只转型基金，专注于和传统的行业龙头企业联合孵化创新企业。迄今为止，小村资本已经和近十家传统企业联合孵化创业项目，海尔洗衣是其中的一个明星项目。

海尔集团决定做海尔洗衣的动机很简单。海尔集团利用经销商渠道已经在高校洗衣机房占领了65%的市场份额，但在此之前只是把洗衣机卖给经销商，和终端用户之间没有直接关系，海尔希望通过互联网手段来和终端用户建立直接联系。中国现有在校大学生2400万左右，这些大学生不仅是海尔产品的潜在购买者，本身也是一批非常活跃的用户。

海尔本来想找内部员工来操盘这个项目，后来发现内部很难找到合适的人选，于是找到小村资本控股、孵化这个项目，并联合组建创业团队。小村资本的合伙人刘惠平也是海尔洗衣的董事长，他曾在阿里巴巴和窝窝团任职，有丰富的传统企业互联网转型的实践经验。他利用自己丰富的行业人脉资源，找到了沈昕宇做海尔洗衣的CEO，沈昕宇也带来了他的团队，这支团队曾有过成功的创业经历，希望能依托有资源的平台做大企业。

"传统企业+风险资本+创业团队"的组合，让这个项目在很短的时间内就打开了局面。利用海尔的渠道优势和技术力量，创业团队设计了一个互联网转型方案：给每一台洗衣机安装互联网模块把洗衣机互联起来，然后通过一个叫"海尔洗衣"的移动App，让每个学生都能通过手机查到最近空闲的洗衣机，并预约好洗衣机，再通过移动支付完成支付工作。现金流从海尔洗衣的账户上流过，每完成一笔洗衣交易，海尔洗衣抽取10%的服务费用。

这个创业项目真正实现了"三赢"。对于学生而言，他们可以找到附近空闲的洗衣机并完成预约洗衣，再也不需要碰运气和排队。对于经销商而言，洗衣机利用效率提高了近一倍；再不需要专门派人去收硬币，只需和海尔洗衣分账即可；一旦洗衣机出现故障，海尔直接派人上门维修。对于海尔而言，他们不只是把机器卖给经销商，而是可以和终端用户建立直接联系，获得他们的数据，而且支付是从海尔洗衣走账，可以拥有持续的现金流。

创业团队、小村资本和海尔集团也是这个项目的赢家。创业团队拥有公司股份，由于有海尔的资源支持和小村资本的资金支持，大大提高了创业成功的概率和速度。小村资本通过这个联合孵化项目，在一年时间内资本增值了10多倍。海尔集团是最大的赢家，他们通过联合孵化在创业初期规避了风险，获得了优秀创业团队，盘活了原有资源。据悉，海尔洗衣即将完成A轮融资，公司估值一年多增加10多倍，海尔洗衣也将增资成为第一大股东。

　　海尔洗衣的案例在海尔集团内部并不是个案。这次我去青岛海尔调研，发现大多数成功的孵化项目都采用了外部孵化的路径。海尔集团变成了一个创业和创新的平台，只要创业者有想法和能力，海尔就会大力扶植他们，并在早期阶段不谋求控股地位，通过引入风险资本方来汇聚社会资源，降低创业风险。等企业度过了最危险的早期阶段之后，海尔再溢价回购投资机构的部分股份，并控股这家创业企业，再引入新的风险投资，把企业推向上市。

　　海尔的组织转型已经超越了传统意义的组织扁平化的逻辑，而把企业真正变成了一个创新创业的平台。海尔集团提供资源和资金，让创业者在平台上自由施展。这种组织转型在全球的大公司中绝无仅有，如果海尔成功地完成了组织转型，它必将创造大企业组织转型的新范式。

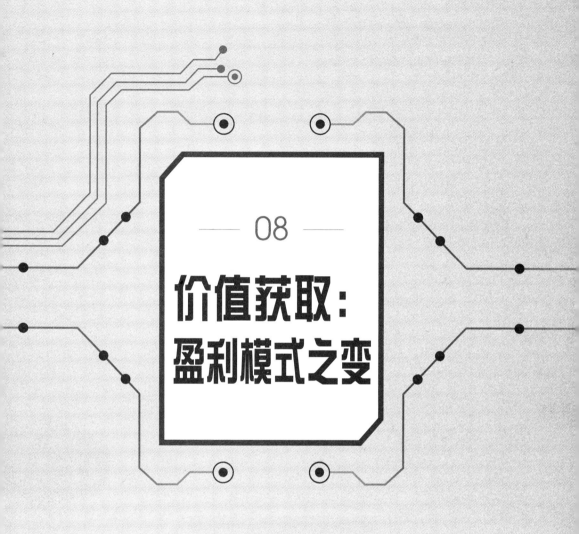

08

价值获取：
盈利模式之变

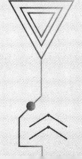

ll. 在商业社会,付出与回报并不一定成正比。以往,干的活越多,赚得就越多。而如今,进入知识经济时代之后,不管是个人还是企业,挣钱的方式都发生了改变。一种创新的盈利模式,往往能够巧妙地解救企业于水深火热之中。

然而,新的模式不会从天而降。在满载希望的同时,新模式又自带风险。因此,企业常常在新旧模式之间举棋不定。实际上,任何新模式都是由旧模式演变而来,并非对原模式的全盘否定。在旧模式的基础上进行微创新,能较好地控制新模式风险,经历较为平稳的过渡。

另外,借助互联网技术、资本运作等方法,企业能够跳出固有的产品服务,创造新的价值。尤其对于大企业来说,寻找产品服务之外的盈利模式,是生存发展的基本能力。

阅读前思考的问题:

1. 盈利模式有哪些关键要素?

2. 各要素之间可以做出哪些重组?

3. 如何看待企业资金周转率?

4. 如何挖掘新的盈利模式?

互联网对盈利模式的改变

企业转型是对一个商业模式的改变，其中有一部分改变的是它的盈利模式，这也是很多互联网企业对传统企业冲击最大的地方。互联网企业的收益结构和传统行业是不一样的，传统行业可以多学习互联网公司的盈利模式。

从互联网对传统媒体的冲击来看，以前媒体主要的盈利模式是，通过高品质内容去吸引更多读者，收取订阅费，再加上广告商的广告费，包括一些线下活动的赞助。但随着新媒体出现，传统盈利模式被打破。它们以免费的形式提供很多内容，而且这些内容是聚合型的。不管是门户网站，还是微信公众号，内容来源几乎都是免费的，这种运营方式的成本远远低于传统媒体。

其次，通过分发方式，互联网媒体的传播量比传统媒体高很多，而且速度快，容量无限。这样一来，广告的版面空间就不受限制。另外，网络新媒体还可以为客户导流。从根本来说，互联网不是内容生产公司，而是内容的分发渠道。他们的成本主要是技术以及相关的编辑运营，主要通过流量广告和分发赚钱。

这种免费销售的模式，各行各业都有。有的企业运用这种模式，形成了碾压优势，颠覆了传统。比如， 周鸿祎带着奇虎360闯入杀毒软件时，杀毒软件是收费的。360先以免费方式向用户提供相对比较刚需的杀毒需求，这就网罗了大批用户，免费软件的品质没有传统付费软件那么强大，但免费的诱惑是非常大的。一个免费的60分的产品，完全可以秒杀一个收费的90分产品。

很多人看不懂，说你把我们的饭碗砸了，你怎么吃饭？周鸿祎说：我先圈人，让他们成为用户，我再去开发广告业务、延伸服务，包括游戏、帮人导流的服务等等。奇虎360卖的不是软件的使用费，而是第三方的服务费，这就是典型的"羊毛出在猪身上，狗来买单"。

后来一些硬件厂家也在玩免费游戏。小米、乐视，都是这样，用成本价销售硬件，甚至亏本卖产品。它们想用这种模式圈用户，再去做其他延伸服务，比如乐视把电视机硬件和视频内容会员捆绑销售，电视机免费，但内容要付费。

同样是电视生产，索尼公司的成本包括了研发、生产制造、营销（广告、渠道建设）、管理、资金等方面。收入主要依靠每台彩电的销售，所以它要保证彩电的利润，才能获得回报。而小米电视的主要成本是研发、采购（外包硬件，视频采购）和管理。收入结构一方面来自于销售，但只有一点点毛利，还有就是对于会员服务（视频会员费，第三方服务平台导流分成）。

两者相比，小米少了自建工厂的成本，多了视频内容的购买。在收益上，小米电视的硬件利润下降，增值服务方面的利润则增加很多。这样一来，索尼的利润来源——硬件，就成为小米的成本中心。

不过，硬件免费模式并非想象中那么完美，这个模式到底是否行得通，仍然有待检验。周鸿祎就曾说，软件可以免费，因为边际成本几乎为零，但硬件不能免费，硬件的成本很高。

要知道，你能看到未来的盈利模式，别人也能看到。当你用免费硬件去换取用户，提供收费服务时，别人或许可以倒过来做，提供免费服务，创建另外一个收费项目。如果有一天，你的利润来源成了别人的成本中心，你的一切安排就被打破了。

硬件免费的逻辑是，可以干掉传统厂商，但对于后来的竞争者没有把握。另外，人圈到之后，后续的服务是否盈利，并不确定。可以想象，100台机器和10000台机器的亏损额是累计扩大的。很有可能发生的事情是，假想的利润没有兑现，硬件就亏垮了。

所谓模式，是高风险的，你能想到，别人也能想到。最后拼的，还是产品本身。模式不是雪中送炭，而是锦上添花。模式创业，本身技术门槛不高，但资金成本高，谁钱多谁就获胜。打车软件、团购、直播、共享单车，这些互联网创业项目都是如此。谁有钱谁赢，但盈利方式遥遥无期。

因此，传统企业应对冲击时，要清楚地知道，你的所有经营行为里面，哪些是用来获取用户的，哪些是用来获取利润的，又有哪些你获得利润的项目，可能成为别人的成本。一旦你的利润中心成为别人的成本，那么整个盈利模式将受到非常大的冲击。

传统企业要慎用免费模式，因为这种打法对资金储备要求非常高，前期都是投入，收入不确定。很多人讲故事，前面投入后，后面的可能无限，但很多故事都是虚假的。所以，你认为自己有把握做免费，首先要有资金，经得起烧钱，能够把市场烧起来。像打车软件搞补贴那样，采用免费贴钱模式，先获得用户，再去赚钱。

赚钱也面临风险：第一是同行竞争的风险，第二是政策风险。企业必须不断审视自己的利润来源到底在哪，这个过程是变化的。昨天让你赚钱的东西，今天也许就不赚钱了，明天可能让你亏钱。企业对未来模式需要有前瞻性，承担风险，投入储备资金，不断创新，把握机会。最好的模式是，本身业务就赚钱，具有独特的，有竞争优势的产品，然后才是增值服务。

另外值得一说的是，互联网免费这一模式正在慢慢脱离疯狂，并且显现出了一些弊端。以打车软件为例，2014年，滴滴打车和快的打车大打价格战的时候，通过"免费打车"、"补贴司机红包"等方式吸引用户体验使用，这样免费的"好事"持续了两三个月。截至2014年5月中旬，滴滴打车补贴14亿元，快的补贴超过10亿元。

很快，这两个竞争者为了止损，选择握手言和，合并成了一家公司。从此，网络打车再也不免费了，取消了高额的红包，减少了司机补贴，而且通过"动态加价"等形式加价。许多消费者这才明白了，天下没有免费的午餐，互联网公司资金实力再强，最终还是要把投入的钱再赚回来的。

直到如今，打车软件市场已是一家独大，但这家公司尚未盈利，互联网疯狂免费的代价，或许还要慢慢体会。免费或许是一枚糖果，但也有可能是一颗毒药。

利润是棉袄

华为总裁任正非说，人不要总想着登上珠穆朗玛最高峰，如果储备不足，上了珠峰也待不长。这句话说的储备，就是登顶后用以防寒的棉袄——利润。优秀的企业家都有一个共识，如果没有利润，就算拿下市场份额第一，也活不长久，也会过得艰辛。

利润，是指公司在支付了所有的成本（研发投入、生产制造、人力、营销渠道等相关费用）、利息和税费之后赚到的钱。

任正非是一个将企业利润摆在重要位置的企业家，他曾说："我认为成功的标准只有一个，就是实现商业目的，其他都不是目的，这一点一定要搞清楚。"在华为发展壮大的路途中，任正非不断地强调商业盈利对公司的重要性，华为的最终目的是取得商业成功。

2011年，华为成立消费者终端事业部，进军手机行业，其中一大原因就是为了追求高利润。众所周知，华为的主业是通信设备，为电信公司提供管道支持。2011年之前，华为的终端事业部主要生产的是低价的贴牌手机，主要客户是电信运营商。

从终端出货量来看，华为终端在2011年占据全球市场的7%，落后于三星的38%、HTC的17%以及索尼的9%。必须提出的是，华为占领的7%市场，几乎是从运营商那里获取的，数量不算最多，利润还很低，同时还遭受运营商客户的诸多压制。2009年，任正非甚至一度考虑要出售整个手机终端业务。

从手机竞争格局来看，低端市场品牌众多，大打价格战，没有最低只有更低，产品利润几乎为零。而在中高端市场，苹果和三星两家公司二分天下，它们把市场上90%的利润吃掉了。

因此，华为如果还去争夺已有"霸主"的低端市场，那么不仅没有利润可获，还可能死得很惨。做生意光有规模和收入是不够的，一定要有尽可能丰厚的利润产出。如果规模和利润产生矛盾，那一定是选择利润。要想争得利润，就只能往上走，不能往下走，低端产品一旦做下去，很可能就做不起来了。既然低端市场无利可图，那何必大费周章地去竞争呢？

任正非认为："企业要一直活下去，不要死掉。一个人再没本事也可以活60岁，但企业如果没能力，可能连6天也活不下去。如果一个企业的发展能够顺应、符合自然法则和社会法则，其生命可能达到600岁，甚至更长时间。"

为了长久地活下去，华为做好了马拉松长跑的准备。无论是收入还是利润，华为终端都将是华为未来重要的组成部分。做中高端产品，正是华为终端从红海里走出来，实现有一定利润支撑的可持续发展的重要一步。

直到2013年，华为终端遭遇互联网手机冲击，在电商和传统渠道之间徘徊不定。此时，任正非再次提醒华为人，不要为互联网发烧，销量上涨了就骄傲自满，而是要盯着利润。在一次讲话中，任正非谈道："苹果年利润500亿美元，三星年利润400亿美元，你们每年若是能交出300亿美元利润，我就承认你们是世界第三。你们又说电商要卖2000万部手机，纯利润1亿美元，一部手机赚30元，这算什么高科技、高水平？"

此后，华为终端再也不以销量论英雄，一切以利润为准，销售额是为了实现利润需要的，不是奋斗的目标。

和任正非一样，万达集团董事长王健林也是看中利润的企业家。在王健林看来，没有利润，就没有服务，公司不盈利是不道德的。不盈利的生意，就没有做的必要了。就连给创业者建议时，他也是从利润出发，让大家"先定一个小目标，赚他一个亿"。

还有一位老企业家褚时健，他以"精算师"著称，擅长通过提高效率来压缩成本，他常说自己的秘诀就是计算投入和产出比。对于企业而言，每一个环节都在耗能，比如烟厂的锅炉，如何平衡能源的消耗量跟产出比的比例，是一个十分重要的课题。压缩消耗，就是在变相地创造利润。

褚时健做任何产品都十分投入，不但投入自己的精力，还包括大量的人力和资金。在种橙子的时候，曾有一位教授到哀牢山的褚橙基地考察，他担忧地表示，褚橙基地的劳动力投入量太大会亏本。褚时健轻松地回答那位教授说：不会亏的，我的成本三块钱，卖价是十块钱，高成本能够得到高品质，高品质能够得到高利润。

褚老的儿子褚一斌曾总结：老父亲管好企业就是抓住了两点，一是要赚钱，第二要劳动效率高。任何企业在最初树立好目标后，无一例外要提醒自己的就是这两个问题，把这两项做好了，企业自然就做起来了。

1979年，褚时健刚到玉溪卷烟厂的时候，厂里面死气沉沉，濒临破产。15年后，在褚时健的经营管理下，玉溪卷烟厂成为全国利润最高的卷烟厂，从零利润做到了年利润60多亿元。如果没有企业家对利润的重视，一个企业永远也成为不了第一。

提高资金周转率

薄利多销，这是每一个街边小贩都懂的道理。产品利润率低没关系，只要量大，复购率高，总利润一样很高。这个道理，有关资金周转率。成功的企业家考虑的不仅是高利润率，同时还要考虑提高资金周转率。

我们以最常见的零售业来举例，对于它们来说，利润大小与供应链效率密切相关，而供应链效率的核心因素就是库存周转率，也就是说商家每采购一批货需要多少天能够卖掉，卖得越快当然就赚得越多。所以，在零售业，库存周转率和商品复购率是两大重要因素。库存周转率越高，商品复购率越高，就证明资金周转率越高，利润就会相应增加；反之，利润就会降低。

"只要一种新的模式能够把效率再提升、成本再压低，你若有10%的毛利率就能赚很多钱。我不认为做零售非要有50%毛利率才有价值，根本不是那么回事。如果每个人都追求40%、50%的毛利率，我觉得商业模式就不会进化，也不会给消费者带来价值。"这是京东创始人刘强东的看法，而京东的办法是自建物流，缩短库存周转的天数。

在自建物流体系的支持下，京东能够做到30天左右的库存周转天数，而像亚马逊这样的公司库存周转天数也需要60到90天。再拿平均账期比较，由于京东的货品周转快，所以能达到40天左右的账期，也就是说，京东能够在货品卖出40天后收到账，而其他公司需要140多天。

那么，京东的现金在一年的周转次数可以达到近10次，效率非常高。京东主营的电子类产品，全年综合运营成本大概8%，比同行业的对手少了一半。如此，同一件商品，同行卖一件的成本是16元，京东只需要8元，这使得京东就算拿同行的成本价作为零售价，也有50%的利润率。

京东还有一个优势在于，他们库房管理的SKU[1]数量超过200万种，是传统零售商管理的SKU数量的几十倍，甚至上百倍。也就是说，京东库房的产品品种数量是普通零售商库房的100倍，但是库存周转率只用别人一半的时间，其资金周转率自然高了很多。

做零售的人，大多拥有一些这样的诀窍。比如名创优品，一般百货店的商品流转时间为3~4个月，名创优品可以做到21天。重要的是，名创优品的供应链管理体系，可以对所有商品的动销速度进行大数据管理，提高资金和销售的效率。他们可以调动全国1800家店面，灵活调货，比如：A 地区的眉笔卖得不好，而 B 地区的眉笔则卖得断货，就立刻把 A 地区的眉笔调过去，提高商品周转速度，每个店面卖的都是热销品。

名创优品的主打商品快速上新，每周推出2~3款新品，SKU数量保持在3000种左右，丰富的商品品类提高了顾客到店购买的几率，而且让消费者每次进店都能看到新鲜的商品，刺激购买。如此，名创优品把高频低价的

1　Stock Keeping Unit（库存量单位）。即库存进出计量的基本单元，可以是以件、盒、托盘等为单位。SKU 是对于大型连锁超市 DC（配送中心）物流管理的一个必要的方法。

生意做活了。此外，大家可不要忘记名创还有加盟商的品牌加盟费用、货品保障金，这些都能带来充足的现金流。

应该如何面对旧模式？

常有人问：如果我发现一个新的盈利方式，是不是应该果断放弃传统业务，或者干脆把旧产业都卖掉，专心专意做新的东西？我觉得这不是一个是或不是的绝对问题，每一次转型都不是一个立即的决定，它一定是循序渐进的。或许达到某一个程度的时候，传统业务和新业务的选择题会出现在你面前，那时候，一定是你的新业务发展得不错，显示出较大未来潜力的时候。

在传统业务和新业务的十字路口，京东的刘强东和苏宁的张近东就做出了不同的选择。1998年创业的时候，刘强东是一个代理商，卖过刻录机、光盘之类的。后来几年慢慢做大了，2001年就开了国美模式的IT商品连锁店，这时候刘强东从一个代理商过渡到零售商的角色。

直到2003年，一场"非典"改变了京东的业务。那时候，"非典"来了，大家足不出户，连锁店生意就不好，仅21天时间，他就赔了800多万元。被逼无奈，刘强东只好在网上卖产品，通过QQ、论坛等网络渠道宣传，经过一番努力，京东在网上的业务有了很大起色。

就这样，当传统业务遇上不可抗的阻力时，京东找到了新业务的突破口。2004年元旦，京东多媒体网站正式上线，起初发布的共有100多个产品。这时候，同在中关村做IT生意的同行们，在"非典"结束后都关掉了线上业务，重新在线下开门做生意了，刘强东却选择了继续线上作业。

2004年，京东的销售额有6000万元，其中线下业务5000万元，线上业务只有1000万元。在利润率上，线上业务基本不赚钱，线下业务毛利能达到18%以上。但是，让刘强东决定转型电商的，是另一组数字。那一年，京东线下业务增长了不到15%，线上订单的月复合增长率达到了26%。按此计算，京东的线上业务增长是上一年的十几倍。

实际上，京东的线上业务和线下业务并不冲突，完全可以两条线并行，但刘强东还是做出了选择，他认为，公司的核心资源和能力是有限的，一定要选择一个点猛攻，才有可能取得胜利。于是，2005年上半年，他关掉了全国12个门店。

十年后，我们能看到京东的成果，相信没有人会说刘强东当年的决定是错误的。而中国零售业的另一个领军人张近东，在1999年的时候，也做了相似的转型决定。

1999年9月，张近东开会决定转型，苏宁从"批发重心"转为"零售重心"，开始做连锁店。在这之前，苏宁从空调起家，做的是代理商批发生意。决议转型后，苏宁放弃了占公司业务80%的批发业务，张近东的决心很大，他果断表示，谁要再想做批发，就开掉谁。

随后数年，苏宁快速开店，成为一个家电连锁巨人。2005年前后，在互联网的影响下，苏宁面临第二次转型。这一次，张近东选择了新旧业务并行的方式。

2005年，苏宁网上商城1.0版本面世，但销售区仅限南京一个城市；2007年，苏宁网上商城3.0版本上市，覆盖全国范围。在不断地提升磨合中，苏宁网上商城4.0版本在2010年推出，而且正式取名为"苏宁易购"。

那时候，电商对线下实体的冲击很大，很多线下店都被迫关闭了，苏宁的线下业务也遭遇了低谷。2012年上半年，苏宁线下门店销售额为419.94亿元，同比增长仅为0.6%，线上线下共实现净利润17.54亿元，同比下滑29.11%。连锁门店布局也在减少，上半年苏宁净增门店只有5个，这是前所未有的实体业的冬天。

与此同时，苏宁还要投入大量金钱用于电商升级改造，形势十分紧迫。在许多人眼里，线下门店已经成为苏宁发展的累赘，没有什么发展的潜力。尽管如此，张近东仍然坚持线下业务的推进。按照苏宁在2011年发布的十年规划，到2020年门店数量翻一倍，要达到3500家。

张近东认为，苏宁实体门店经过了长期发展，加上电商冲击，的确是遇到了瓶颈，但这并不代表线下门店没有价值了，苏宁要做的是升级改革，从追求门店数量转向追求质量和利润。越是危机的时刻，越是要沉住气；质疑越多，越要看清方向。

让苏宁底气十足的是，他们并不缺钱，有着足够的现金流来缓解线下业务的萎缩，也能承担线上业务的巨大投资。虽然无法安然自若地渡过危机，但也能做到心中有数，弹药充足。据苏宁云商发布的2016年报数据显示，苏宁云商去年的营业收入为1485.85亿元，同比增长9.62%；利润总额为9亿元，同比增长1.34%。其中，线上平台实体商品交易总规模为805.1亿元（含税），同比增长60.14%。

在线下门店转型方面，苏宁云商提出"互联网+"云店模式。目前的店面分为两大类型：一类是在核心商圈所部署的云店和旗舰店，该类型店面为用户提供舒适的购物环境、丰富的商品组合以及良好的用户体验；另一类是在城市社区和三、四级市场所开设的便利型门店，为用户提供更加便捷的购买流程和本地化服务。

从京东和苏宁对业务的选择中，我们可以总结出一些具有普遍意义的规则。首先，新旧业务的取舍与外部环境变化相关。苏宁从批发转型零售，看中的是未来零售业巨大的市场空间。而京东集中火力进攻电商，无疑也是看到了互联网市场的巨大潜力。

其次，与内部资源相关。京东为什么没有继续做线下连锁店？有一大原因在于，京东的线下店较少，处于新发展期，很多经验需要摸索，这时候砍掉业务相对轻松。而苏宁就不一样了，苏宁的线下店上千家，有着成熟的运营体系，而且具有规模优势。对于苏宁来说，如果一下子关掉全部门店，是不理智的做法，况且线下门店仍有发展的空间。

在面对新旧业务取舍问题时，如果企业能够清楚地感知内外部的环境变化，做决定相对容易。如果觉得纠结，不如重新梳理一下公司的商业模式，从生产到销售，系统性地剖析两种业务，这样能够帮助你更好地做出决定。

网易，奔赴下一个盈利点

以前一个企业的变现模式比较单一、稳定，往往是持续赚一种钱。随着竞争加剧，跨界竞争的复杂化，一个行业赚钱越来越难，企业必须要靠下一波赚钱，又或者再下一波。

比如，媒体靠广告赚钱的时候，相对比较容易，主要精力就放在广告上。后来发现，培训赚钱，媒体成为流量入口。再后来，培训行业越来越拥挤，大家又把培训作为流量入口，通过资本来赚钱。这时候你发现，利润来源随着竞争格局的变化而不断改变，越到后面越高级也越复杂，企业需要持续关注下一个利润来源在哪里。

世界上优秀的企业家们，无不是随时都在捕捉下一个盈利点在哪里，他们只有比别人快半步，才有可能在风口上屹立不倒。

1997年，丁磊创立网易，早期做过搜索、邮箱、软件开发等业务。1999年，网易确立"门户网站+广告变现"模式，并组建了广告销售团队。2000年，网易在纳斯达克上市。然而，2001年，公司广告业务下滑严重，净亏损2.33亿。

危机之时，丁磊看到了无线增值业务的利润，于是网易与中国移动合作，提供SMS的服务。后来，联通和网通也成为网易的合作伙伴。2002年，网易成为中国第一家历史上盈利的互联网公司。这一年，无线增值业务营收暴增10倍，达到1.61亿元人民币，占该年总营收的73%；2003年收入再增74%，达到2.8亿元人民币。

随后三四年，无线增值业务为网易创造了丰厚的利润。与此同时，丁磊用这些钱在网游上进行新的开发投资。2003年左右，无线增值业务的市场环境变化，网易在这方面的收入便开始下滑。幸运的是，由于提前布局游戏领域，网易得以轻松地抽离无线增值业务。

在游戏领域，网易2001年的收入为零；2002年获得3700万元营收；2003年2.03亿元；2004年6.29亿元；2005年13.8亿元……同期，游戏收入占总营收的份额从0增加到将近90%。以至于在其后的10年间，网易被不少人视为游戏公司，这是网易的第二次重生。

在游戏业务的刺激下，网易市值一度超过100亿美元，达到顶峰。然而，网游业务的环境也在不断变化。经历一波爆发性增长之后，2006到2013年间，网易游戏收入增幅从119%回落到14%。与此同时，网易的广告营收表现也一直不稳定。2010年，公司收入一度出现负增长。2012、2013年连续两年，网易总营收增幅仅为12%。

旧业务呈现疲软状态，网易必须寻找下一个盈利方式。这一次，丁磊把目光瞄准了移动电商。在很多人看来，2014年才做电商，已经是身处红海，看不到什么新的增长点。但丁磊却一口气布局了两大领域，一是在2015年推出海购平台"网易考拉"，成为国内跨境进口销售额的第一名；

二是在2016年创立超前的ODM（Original Design Manufacturer，原始设计制造商）平台"网易严选"，使M2C（Manufacturers to Consumer，生产厂家对消费者）模式成为可能。

在布局电商的同时，网易没有放弃游戏，而是轻巧地调转方向，将游戏业务从电脑搬到了移动手机上。2016年推出的《阴阳师》游戏，成为全球收入最高的手游。目前，网易的三大核心业务分别是：PC端和移动端游戏、电商业务，以及广告服务。

在新旧业务的合力下，网易迎来新的盈利增长。根据网易最新公布的2016年度财报数据显示，网易2016年净收入381.79亿元（约合54.99亿美元），同比增长67.4%；净利润116.05亿元（约合16.71亿美元），同比增长72.3%。要知道，2013年年初，网易股价最低时只有37美元，2017年2月股价最高值达到300美元以上，市值达到了400亿美元。

在过去的20年里，全世界1万家上市企业中，也只有1%的企业实现了每年的投资回报率超过20%。这样的企业在中国也只有两家，一家是茅台，另一家是网易。网易的发展路程，每一次的前进，都是因为找到了新的盈利点，而且做到了提前布局。

从时间来看，网易是一家慢热型的公司，似乎总是在不疾不徐地发展，没有特别的爆发，也没有特别的落魄。在20年的时间里，网易几乎缺席了所有互联网的热门风口，比如团购、视频、社交、直播、O2O……但是这家公司却踏准了两个最赚钱的互联网领域：游戏和移动电商。

网易的每一次转型，都是转变了盈利模式，奔着利润而去，所以每次都能赚钱。当旧的盈利点衰退的时候，网易又能转向新战场，继续生存壮大。

在中国，随时思考下一个盈利点在哪里的还有一家没有上市的大企业——华为。这家企业最擅长的就是瞄准一个口子，派遣兵力攻下山头，不论是国内外通信市场，还是手机市场，或者是未来的人工智能领域，华为无不是朝着大目标，一个山头接一个山头地攻克下来，每一个山头都是一个利润增长点。

"运动是绝对的，静止是相对的"，在现代商业社会，企业的盈利点一定是在不断变化的，它可能有一个象征性的节点，可能是悄无声息、循序渐进的自然过渡。如果把市场比作大海，那么盈利点就是海里的鱼，在流动中抓住那些大鱼，是每一个企业家必须实践的问题。如果没有鱼吃，企业肯定会饿死。转型中的企业可以想一想，现在手上是否已经有放出的鱼饵，足以经受住风浪，引来大鱼上钩呢？

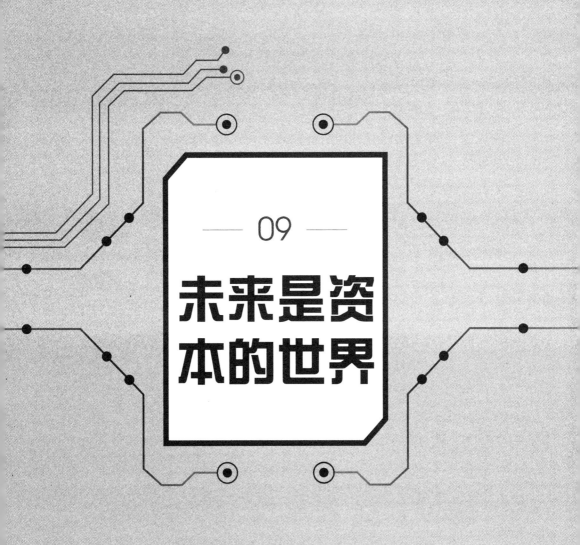

09

未来是资本的世界

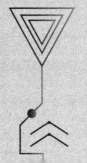

和三十年前相比，中国商业社会最大的变化是什么？我的回答是资本。资本为中国企业打开了新世界大门，孕育了新的可能。许多看似无法实现的梦想，都在资本的作用下收获了成果。

企业成长到一定程度之后，必然会与资本发生千丝万缕的联系，而学会利用资本，也成为企业家的必修课之一。资本，或许就是大家苦苦寻觅的转型支点，撬动企业的整体转型。

尽管资本世界也是变幻莫测、险阻重重，但已成为企业发展的必经之路。一方面，资本能够助力企业在转型期实现弯道超车；另一方面，资本能够为企业布局未来，让企业不惧改变。

未来已来，拥抱资本。

阅读前思考的问题：

1. 你想过借助资本转型吗？

2. 在企业转型中，资本能够做什么？

3. 如何让资本发挥最大效用？

4. 什么企业适合资本运作？

孵化创新

对于一些大公司，立即转变方向几乎是不可能的事情。它们的转型往往是从一个点开始，当这个点积聚了足够的力量，就能成为支点，撬动企业的整体转型。有时候，企业的一个点就能带动变化，有时候需要多个点一起作用。我们将这种孕育转型点的过程称为"孵化"。

企业孵化创新，可以在内部进行，也可以在外部寻找。内部孵化是指一个企业通过扶持内部的人员去内部创业，企业提供资金、品牌、资源支持，予以帮助。这是一种裂变式创新，鼓励员工成为创业者、合伙人，让一个组织裂变成更多的组织。

具有某种共性，与母体相连，在文化上具有某种共性，在后期并购的时候融合度会更高。而且母公司一开始就控股，股权清晰。不过这种方式的弊端是，在内部寻找有创新精神和能力的人，会受到限制。一般来说，大多数有创新能力和精神的人，都在企业之外。

体外孵化考验的是企业的投资能力，企业要有好的眼光、智慧和实力去挖掘那些有想法的新型企业，通过参股、投资方式参与其中。这和并购有一点相似，不过并购是在企业有了一定规模后通过控股方式完成的，而体外孵化是在初期进行培育。

在阿里巴巴有一句话叫作："We work for now, we invest for tomorrow, we incubate for future.（我们为今天工作，为明天投资，最后

一句比较特别的，我们为未来孵化一些东西。）"这种理念使得阿里巴巴要从许多角度考虑问题，抓住业务主线，从孵化或者投资的角度，去布局未来的版图。

2007年的时候，淘宝的流量已经起来了，但是还没有找到赚钱的方式。一番纠结，还是用了稍微传统的方式，通过收广告费来赚钱。简单来说，就是给淘宝店家打广告引流，收取广告佣金。

马云给这样一个广告平台取名"阿里妈妈"，内部孵化一家小公司，投资200万元。特别的是，阿里拿出20%～30%的股份来让外部投资，如果是集团内部人来申请的话，要放弃原有的级别、工资、股权。项目做好了，公司会用风险投资的方法追加投资，最后和淘宝换股合并回去。

在阿里集团，投资200万元的项目实在不起眼。在发展过程中，阿里对其采取放养态度。阿里妈妈公司的成立全由一群工程师自己搞定的，包括工商注册、税务、设备采购、办公场地等等，完全是独立进行。

马云对于内部孵化的理念是，谁说工程师不应该学着办工商登记？谁说工程师不应该学税务、搞关系？他必须去，这就是他的生存能力。不能把这些事物都给外包了，外包了他们就不是"野生动物"了，而是"圈养的动物"。

就是这个小团队，最后做成了。2013年1月，阿里巴巴集团宣布架构调整，阿里妈妈成为集团下辖的25个独立事业部之一，为阿里集团贡献了超过一半的营收。

2007.1	2008.1	2010.1	2012.12	2013.1	2014.1	2015.1
阿里妈妈成立，打造开放式广告交易平台	阿里妈妈加入淘宝，全面实施大淘宝战略	阿里妈妈变脸淘宝联盟，进入"闭关修炼"阶段	阿里巴巴宣布在2013年重新启用"阿里妈妈"品牌和域名	阿里巴巴集团战略调整，阿里妈妈事业部成立，阿里妈妈迎来崭新起点	发布达摩盘	阿里妈妈品牌升级，走向淘外，整合易传媒

另一家重量级的互联网企业腾讯，2015年的时候开启了腾讯众创空间，在北京、上海、广州、厦门、武汉等30个城市落地，主要扶持创服、创孵、创培、创投、创新五个方向的产业。如此一来，腾讯就打开了外部孵化的大门，将更多有潜力的企业收入麾下。

而传统的制造业企业，以海尔集团为代表，他们也在孵化创新方面做了诸多努力。如前文提到的海尔旗下的海尔洗衣项目，在成立之初，控股方并不是海尔集团，而是小村资本管理的磁谷基金。

再比如，"海尔小焙"项目，这是一个专门针对烘焙产品服务的App，创立于2015年1月，是海尔内部员工投资创业的项目。2015年11月11日，"海尔小焙"完成4000万元A轮融资，由青岛海尔和海捷资本共同参投。

类似海尔洗衣、海尔小焙这样的案例在海尔集团内部并不少见。我去青岛海尔调研时，发现大多数成功的孵化项目都采用了外部孵化的路径。海尔集团变成了一个创业和创新的平台，只要创业者有想法和能力，海尔就会大力扶持他们，并在早期阶段不谋求控股地位，通过引入风险资本方来汇聚社会资源，降低创业风险。等企业度过了最危险的早期阶段之后，海尔再溢价回购投资机构的部分股份，并控股这家创业企业，再引入新的风险投资，把企业推向上市。

并购转型

大企业有很多优势，其中一个就是资本优势。大公司上市后，有通畅的融资渠道，本身利润率比较好。这时候通过并购方式，用资本优势去并购技术领先、产品创新的中小企业，获得新技术、新产品、新团队，一方面可以获得新的利润增长点，另一方面可以带动企业转型。我们可以观察到，很多传统制造企业进军影视业、内容业。

2016年12月，上市公司美盛文化发布公告表示，其控股股东美盛控股以2.17亿元，收购同道文化72.5%的股份。同道文化是内容圈的"网红"平台，其平台原作者蔡跃栋擅长撰写与星座相关的分析。该平台推出后，用两年时间积累了大量粉丝，产品形式包括公众号、图书、短视频、漫画等等。

同道文化的收购方美盛文化，实际是美盛控股集团的一家子公司。而美盛控股最开始是做领带生意的，后来做饰品、礼品的订单代工，逐渐发展壮大。2010年3月，美盛饰品完成股份制改革，2010年6月更名为美盛文化，筹备上市。至2012年9月11日，美盛文化在深交所上市。

从更名就可以看出，美盛控股当时就计划向着文化领域转型。最开始，美盛也是从自己擅长的制造业入手，以生产动漫服饰产品为主业。但同时，美盛在文化业进行了大量的并购。2015年度美盛文化营收同比下降10.50%，但由于投资收益增加，归属于上市公司股东的净利润同比增长30.15%，达到12640.83万元。

为美盛的收益做出贡献的，包括纯真年代、星梦工坊、真趣网络等，同道文化只是其中很小的一家公司。这些公司都是行业内已经做出一些成绩，有着成功经验和未来潜力的公司。

通过并购、投资等方式布局文化生态圈，美盛文化的业务横跨动漫、游戏、影视、媒体、儿童剧、衍生品、新媒体等各大领域，计划搭建一条"IP+内容制作+发行运营+衍生品开发设计生产+线上线下渠道"的全产业链。

在未来，美盛文化投资的这些文化企业，是否能够在它的生态圈内发挥作用，合力推动美盛文化的发展，值得期待。

除了传统企业之外，新型互联网企业也是积极的并购者，比如BAT，甚至一些新型的互联网公司，它们去并购中小规模企业。在做好自己的同时，通过并购方式，去拿下那些和自己业务有相关性的中小企业。借助它们的力量，去布局和建立新型的产业生态。当新业务增多的时候，企业总体也会发生变化，通过增量的方式，来完成企业转型。

BAT一开始也只是专注在某个行业，搜索、游戏社交、电商，现在变得更加积极，它们去并购大量代表未来产业方向但自己把握不是很大的产业，去参股或者换股，去构建新型的商业生态。并购这种方式，比从0到1的创业速度更快。创业的早期风险很高，并购可以降低风险，并且快速获得新的业务形态。

企业转型，等同于企业家角色转型。企业家要从某一个行业的操盘手，向一个投资人转变。新兴行业看不懂，能力不具备，更好的选择是去

投资那些年轻的、更有激情的小企业、小团队，通过帮助别人成功来获得
自己的成功。

在以色列、硅谷这些新兴科技集中的地方，有大量中国投资公司，它们
在那里寻找创新技术公司。中国投资公司通过并购，利用市场规模的优势、
运营优势，能够快速把创新产品变成规模化复制的产品。如此，国外创新优
势和国内资本、市场、运营的优势，就能合力打造出成功的产品。

中国大型企业去海外并购，目前的节点是比较合适的。第一，中国经
济转型升级，对国外创新企业有很强的投资需求；第二，国外经济不景气，
小企业面临压力，通过卖出方式，可以渡过难关；第三，人民币处于优势地
位，国外很多人觉得现在购买是一个好时机。

从美的海外并购动作中，能够感受一二。

2015年8月，美的集团对外发布《机器人产业战略发布暨与安川电机投
资设立机器人合资公司的公告》，正式宣布进军工业机器人和服务机器人市
场。并成立"华南智能机器人创新研究院"，注册为全资子公司，即"美的
机器人产业发展有限公司"。与此同时，美的也首次买入了德国库卡公司的
股份，当时收购的股份比例为5.4%。

库卡集团在德国制造业已经拥有上百年的历史，是真正的德国制造老
牌公司，而且是全球四大机器人企业之一。根据IFR2015年的数据显示，库
卡机器人在汽车制造领域的市场份额均是独占鳌头；即便是在一般工业领域
中，库卡机器人的市场份额也是位居欧洲前三。

对于想要进军机器人产业的美的来说，库卡集团势在必得。从买入股份

开始，美的集团的并购活动就已经展开了。2016年2月，美的集团将其所持库卡股份的比例提高到了10.2%，成为库卡公司的第二大股东。

2016年3月，美的集团又将安徽埃夫特智能装备有限公司17.8%股权收入囊中。

6月24日，美的集团宣布拿到了意大利中央空调企业Clivet 80%的股权。

2016年6月1日，美的集团拟通过境外全资子公司MECCA，以现金方式全面要约收购库卡集团的股份，要约收购价格为每股115欧元。

2016年6月29日，美的集团宣布已与德国机器人公司库卡签署股份收购协议。

2016年10月17日，据国外媒体报道，美的集团收购德国工业机器人巨头库卡获得重大进展，欧盟委员会已在当地时间13日批准了这一收购案。

2016年12月15日，德国机器人公司库卡出售美国业务为美的集团收购做准备。

对于美的集团来说，库卡的核心优势或许就在于机器人综合制造实力强、下游应用经验丰富。通过此次收购，美的集团便可以跨界布局机器人领域的中游总装环节，并且积累下游应用经验，为其在中国推广做足铺垫。

这一点在美的集团要约收购库卡的报告书中也得到了相关的印证，在报告中曾提到："美的可凭借库卡在工业机器人和自动化生产领域的技术优势，提升公司生产效率，推动公司制造升级。"

可见，不管是海外并购还是国内并购，这都将是中国企业在未来十年的重要转型方式。转型不一定自己来，而是通过资本力量，通过别的企业完成。

我认为，选择并购企业的方向和标准主要有两点。第一，选择与企业未来战略相关的。如果有相关性，资本的协同效应更强，能够利用原有资源优势，成功概率会更高。

比如，腾讯的投资布局就主要有两条路，一是O2O，二是游戏，这两条线背后，则是腾讯的两大主干业务——微信和手机QQ。腾讯的营收必须依靠从社交到游戏的转化，这使得它不得不竭力维持在游戏研发、代理、运营方面的投入和占比。

第二，对于创新企业，在早期应该采取相对独立的运营方式，不要太早把它们整合到公司内部。一个成熟企业的管理方式、企业文化、组织构架、考核方式，和创新企业完全不同。如果过早干预运营，可能把并购企业的创新力抹杀了，造成反效果。

设立产业基金 [1]

在资本市场上，除了孵化创新和并购手段之外，有实力的企业还可以

---

1 产业投资基金是一大类概念，国外通常称为风险投资基金（Venture Capital）和私募股权投资基金，一般是指向具有高增长潜力的未上市企业进行股权或准股权投资，并参与被投资企业的经营管理，以期所投资企业发育成熟后通过股权转让实现资本增值。

通过设立产业基金来应对变化，为转型做准备。大企业能够疯狂地"买买买"，其背后一般都有强大的基金支持。打个比方，基金就好比是企业去并购、收购的"资金库"。

2011年年初，腾讯宣布成立产业共赢基金，由腾讯并购投资部运作，其开始时投资规模为50亿，而后不断增加。仅2014年，腾讯就用几十亿美元投资了近40家公司，这背后其实都是腾讯基金在提供支持。

短短一两年时间，腾讯基金的投资项目就涉及程序软件、手机应用软件、游戏、在线旅游、金融、地图、电商等十几个领域，将艺龙旅行、龙珠直播等公司纳入旗下，并且对美团点评、滴滴出行、饿了么等明星互联网企业进行了战略投资，颇有神龙见首不见尾的风格，以至于很长一段时间内，腾讯基金部门都被认为是腾讯"最神秘的部门"。

如今，在整个互联网投资领域，能与腾讯基金抗衡的PE，也只有阿里资本了。阿里资本比腾讯基金早成立3年，其使命也是为产业链战略并购扩张服务。

同样以2014年为例，据不完全统计，阿里用了60亿～70亿美元，投资或并购了36家公司，平均计算，每家公司能从阿里巴巴拿到10亿元人民币。这36家公司中，很大一部分来自阿里基金或马云参与的"云"字系投资机构——云锋基金、云溪投资等。

还有一家"老牌"的教育培训机构——新东方。它曾是以英语培训红遍国内市场的教育集团，在20多年的发展路程中，创下过许多的辉煌。不过，在2013年第二季度，新东方遭遇了2007年以来的首次亏损，亏损额达到1580万美元。

那几年，新东方遭遇在线教育平台的冲击，学员数量下滑，师资流失也比较严重，加之自身扩张过猛，管理成本压力极大，以致收入和利润都陷入危机。一时之间，市场对于新东方的质疑不断，认为其在在线教育方面的转型失败，并且唱衰新东方教育将一蹶不起。

此时，四面楚歌的新东方在寻求破解问题的方法。其中，对外投资是一大动作。比如2012年，新东方用1800万美元收购了中国管理软件学院；2014年，以339万美元投资职业教育平台高顿网校；2015年，投资范教育产品导购平台决胜网。

从新东方的投资项目来看，其核心是围绕教育布局的，从横向来看，从学前教育到成人教育，从英语学习到非英语学习；从纵向上来看，既有培训业、出国咨询、就业服务，又有互联网公司的孵化和投资。通过投资相关产业的公司，新东方完善了教育产业链条，形成了教育生态圈，加强了公司的抗风险能力。

俞敏洪认为，新东方是一家教育公司，只投跟教育相关的企业。"新东方会按建产业链和生态圈的方式去投资，和新东方兼容的东西我们都考虑去投。新东方的投资是布局，不是为了纯粹赚钱"。

2014年年底，俞敏洪跳出教育投资领域，以个人名义与资深投资银行家盛希泰联手，创立了洪泰基金。该基金第一期规模就达2亿元，投资的项目聚焦在三个方面：一是跟吃喝玩乐相关的项目；二是大健康和教育相关的项目；三是移动互联网能够颠覆的所有领域。

　　与新东方投资的路径不同，洪泰基金主要做天使轮和A轮，天使轮单笔初步估值在5000万人民币以内，每个项目的投资额在300万~500万，单笔最大金额不会超过2000万，比如占股20%这样，不会掌握控股权。

　　尽管建立洪泰基金是俞敏洪的个人行为，但作为新东方的创始人，俞敏洪的一举一动都关系着新东方的发展。比如，在双方重合的教育投资领域，洪泰基金可以给新东方打配合。2015年，洪泰基金就和新东方、好未来共同投资了嘿哈科技公司，该公司为全球唯一一家将人机交互技术应用于学前教育的教育科技公司。

　　2016年9月2日，新东方宣布俞敏洪卸任新东方CEO一职，仍然继续担任董事会执行董事长，负责新东方的战略和运营管理工作。这年11月，在洪泰基金成立2周年之际，盛希泰在一篇文章中写道：

　　　　我们在2015年弹药相对充足时就着手募资，至2016年年初新募集了30多亿人民币，成立了新一期的天使基金、成长基金、新三板基金（PE 基金），还有正在成立中的美元基金。

　　　　在投资小年里，我们投出了3.5亿元，时间跨度拉长到2年，我们总共投资了90个项目，累计投资6亿多人民币，其中已经有超过30% 的项目拿到了下一轮融资。迄今为止，我们的项目死亡率非常低，只有4个项目清盘，整体相对健康。

　　从洪泰基金的投资成绩来看，俞敏洪实现了个人转型，从一位企业家朝投资人转变，这也是未来企业家们需要培养的一项重要技能。当企业领导人实现了个人转型之后，这家企业更有可能在领头者的带领下成功转型。未来，新东方教育就有可能在投资中获取新的利益，拥有更大的教育版图。

还有一些投资机构联合传统产业，成立产业基金进行联合孵化和产业并购。比如说，小村资本早在2015年8月就联合烟台中际投资有限公司，深圳里程控股投资合伙企业成立了"小村中际工业4.0产业基金"，其中中际投资是上市公司中际装备（300308）的母公司中际控股旗下的投资平台和全资子公司。

"小村中际工业4.0产业基金"总规模为5亿元，重点投资于具有未来发展潜力的人工智能、未来科技、信息通信技术、智能制造、物流管理、物联网络、人机互动等工业4.0关键技术，促进产业升级和工业科技进步。

小村资本董事长冯华伟认为，"小村中际工业4.0产业基金"是小村资本第一只主题基金，代表着公司对科、文化、新金融等未来趋势的布局，在帮助中际装备产业转型升级，打造高端装备制造业的同时，也让小村资本在科技领域、智能制造、人工智能等领域的布局更加顺畅。

中际投资董事长王伟修则强调了产融结合。中际装备的行业、市场、技术等产业优势，与小村资本的基金管理能力、市场化融资等金融优势相结合将巩固和提高公司在行业内的龙头地位，培育公司新的利润增长点，壮大公司的实力，实现全体股东利益的增值。

基金成立不到两年时间，2017 年 7 月 4 日，上市公司中际装备发布公告，发行股份购买苏州旭创100%资产过户完成，整个收购涉及金额 28 亿元人民币。小村资本作为一致行动人，采用"母基金孵化＋产业并购"的创新性模式，通过提供标的方、参与配套融资等方式深度参与了本次并购，这个案例获得了融资中国的"2016—2017 中国最佳并购投资案例"。

要么出售，要么上市

其实转型和创业一样，是一个成功率不高的事件。在中国，转型的标杆大企业屈指可数，大家都还在见仁见智的阶段。为了提高大企业转型的成功率，可以从资本层面多做尝试。

一家企业的领导人，不仅是一个管理者，或者精神领袖，他更是一个投资者。一位合格的CEO需要了解资本市场，懂得资本市场运行的核心规律。一家公司不仅能够通过产品服务的买卖获取收益，还能够通过股票赚取利润。

对于上市公司来说，市盈率倍数（Price-Earnings multiple，简称P-E值或市盈率）越高，股价就越高，利润也就越多。一般来说，P-E值表示资本市场对一个公司目前和将来盈利能力的期望，它反映了盈利模式的质量，这个盈利模式由现金净流入率、利润、周转率、资产收益率等组成，与竞争者和将来情况进行比较。[1]

也就是说，公司的盈利潜力越大，越被人看好，股价就会越高。因此，一些利好消息能够刺激股价的上涨，股民们买的是股票，也是一种未来希望和信任。利用股市上收获的资金，企业可以将其投入新的业务发展中。所以我们常常看到，一些公司为了某个业务目标在股票市场公开募集资金。

转型企业亦如此，学会利用资本市场推动转型，为转型保驾护航，是一种基本的本领。不过，对于绝大多数创新企业来说，上市是个小概率事件。它们思考的，是把自己原有的技术做得很好之后，卖给大公司，这是一种好的退出路径。

通过合并、被收购等方式退出原领域，再用新的资金转型新领域的企业家和企业不胜枚举。比如在2015年，在集中爆发的互联网公司合并潮中，就有很多企业或创始人退出了旧战场。比如美团和大众点评合并后，王兴带领的美团占据主导位置；滴滴打车和快的打车合并后，滴滴打车占主导地位。没有成为主导的那家公司，在合并后会慢慢地融入到强势的那一家企业中去。

优酷和土豆的合并就是一个比较直观的例子。

2012年3月12日，优酷和土豆联合对外宣布合并，两个曾经在视频网站领域不相上下的公司走在了一起。2012年8月20日，股东们投票表决通过了

1　[美]拉姆·查兰：《CEO说：人人都应该像企业家一样思考》，第1版，徐中译，北京，机械工业出版社，2016年。

优酷并购土豆网案，新公司优酷土豆集团正式诞生。同一天，新公司宣称，优酷CEO古永锵将担任集团董事长兼CEO，土豆CEO王微将进入集团董事会担任董事，并参与重大决策。

然而，四天后，2012年8月24日，王微宣布退休，不再担任新公司高管。不过按照合并的规则，王微仍将担任董事一年，任期满后，他会完全淡出合并后的新公司。

在这场合并敲定的那一刻，土豆网的命运就不再掌握在王微手里了，这家公司的未来注定属于优酷。而优酷这边，凭借与土豆的合力，在之后几年视频江湖的混战里，得以占据一方天地。

2015年8月6日，古永锵在优酷土豆举办的首届开放生态大会上公布，优酷土豆正式更名为"合一集团"，未来将转型为文化娱乐产业的创业平台。三个月后，阿里巴巴集团和优酷土豆集团共同宣布，双方已就收购优酷土豆股份签署并购协议。

2015年12月底举行的第二届世界互联网大会上，古永锵在接受采访时透露，阿里收购公司总共花了58亿美元。于是，这起收购成为中国第一、全世界第二的收购案（2014年，Facebook宣布以190亿美元收购WhatsApp，是全球第一大收购案）。

三年时间，从合并到被收购，优酷土豆通过资本运作，推动了转型的完成。按照合一集团的规划，未来三年将打造三大计划，分别是："新人计划"，产生10万个拥有千人粉丝团的自频道；"万万计划"，产生1万个月收入过万的自频道；"巅峰计划"，产生100个估值过亿的自频道。最终，集团将借此打造出一个万亿市场。

可以想象，如果没有阿里巴巴的支持，合一集团的转型或许也会成功，但有了阿里的资源和资金，合一集团在转型的路上或许走得更踏实。

未来十年，资本的力量将在企业转型的路途中占有越来越重要的地位，产业和资本的融合是大趋势。大量的产业基金、并购基金，也将撮合传统行业参与到新行业中去。

案 例

盛大——从游戏到投资

1999年年底，26岁的陈天桥拿着家人的资助，用50万元创办了盛大公司。近20年时间，陈天桥带领盛大几起几落，做过网络游戏、文学、电视盒子……最终成为投资机构。从盛大发展的路径，能够看到一家企业从产品到平台，再走向资本的轨迹。

陈天桥毕业于复旦大学经济系，上学时是共青团的团委。毕业后，他进入陆家嘴集团，很快坐到副总的位置，后又成为金信信托的办公室主任。2000年，陈天桥从中华网拿到300万美元融资，一开始是做动漫社区。但盛大初期发展并不顺利，钱投进去了却没有什么回响。

2001年，陈天桥用仅剩的30万美元从韩国Acboz Soft软件公司拿下《传奇》的代理权，后来又买入了《新英雄门》《疯狂坦克》等多款网络游戏的代理权。于是，凭借游戏的火爆，盛大很快活了。

2003年，盛大得到软银集团4000万美元投资，并在纳斯达克上市。由此，陈天桥成为中国最年轻的首富，创业仅四年，资产就高达90亿元。上市之后，盛大继续创造了一系列神话，成为当时市值最高的中概股公司、全球市值最高的游戏公司。

这时候，拥有大笔财富的陈天桥开始"买买买"，比如，他斥资20亿元买下新浪19.5%的股份，成为其最大股东。与此同时，盛大的产品也从网络游戏代理开始变化：

2003年，盛大开始研究电子支付，并在2007年将其平台化；2004年，布局文学IP，整合以"起点中文网"为核心的盛大文学平台，还制作了在线K歌的游戏《巨星》；另外，盛大还投资了中国第一款语音IM软件Talk Box，而后来的米聊、微信都是"参照"其发展起来的。

在盛大版图的布局中，最受陈天桥重视的是盛大盒子。从现在来看，电视盒子不是什么新鲜玩意儿，但在当时，这样的产品是超级超前的，少有人理解，买单的人更少。2006年，广电一纸文书叫停了所有IPTV项目，盛大盒子功亏一篑。

同年，盛大在新浪的股权也被TOM集团买走。尽管如此，盛大还是有足够多的弹药，陈天桥调转方向，结合之前收购的企业资源，他给盛大"视频门户+文学创作+影视IP改编+游戏改编+Bambook阅读器"的战略规划。

2008年，陈天桥又创立盛大创新院，类似于一个创新孵化器，投入大量资金在创新研发项目中。盛大从全国各地招聘了500多位顶尖的工程师，云储存、大数据、搜索、语音识别等领域的尖端人才都有加盟，催生了几十个项目。比如，Wi-Fi万能钥匙这样的独角兽企业就是盛大创新院的结晶。

2009年，盛大子公司盛大游戏登陆纳斯达克，融资10.4亿美元，成为当年美国融资规模最大的IPO，并创下当时中国纳斯达克上市公司融资规模之最。

　　然而，不管是盛大集团还是盛大游戏，在资本市场的表现都不太好。2012年，出于战略方面的考量和企业转型的需要，盛大私有化退市。盛大官方解释称：

　　私有化的第一个目的是希望在互联网行业快速变化的同时，能够在第一时间迅速做出正确反应；

　　第二是希望通过私有化达到所谓的短期和长期利益的平衡，减轻资本市场带来压力，集团母公司以后只看长期，完全不在乎短期，从一个"冷静第三方"的角度去观察、去思考、去追随，更好的是可以去领先整个行业的发展趋势；

　　第三是希望能够平衡股东和员工的利益。

　　也是从这一年起，盛大将开始向投资转型。然而，外界却将其解读为落寞淡出。实际上，在没有明确表示转型投资之前，盛大的投资版图就已涉及文化、金融、不动产投资、对冲基金等多个产业。

　　2014年，盛大游戏也宣布私有化。同一年，盛大集团把盛大游戏卖掉了。之后几年，盛大游戏几次易主，发展不佳，但这些种种与盛大集团已无关联。

　　盛大游戏虽然遭受了阻碍，但另一边的盛大文学却在闪闪发光。2013年，盛大文学平台拥有200万名作家、700万部原创小说、1.5亿个用户、超过7成的市场份额、每天新产生1亿字的作品。《鬼吹灯》《甄嬛传》《步步惊心》等红极一时的电视剧、电影，都是由其改编而成，这些文学IP还为游戏产业提供了大量网游、页游的题材。

盛大文学旗下包括起点中文网、红袖添香网、言情小说吧、晋江文学城、榕树下、小说阅读网、潇湘书院七大原创文学网站以及天方听书网和悦读网。另外，它还拥有三家图书策划出版公司。其行业统治力甚至超越巅峰期的盛大游戏。

令人再次意外的是，在盛大文学达到巅峰状态的时候，盛大将文学卖给了腾讯。自此，盛大集团的官网介绍变成了"向着成为一家国际级的投资控股集团而不懈努力"，其转型投资集团的决心非常坚定。

卖掉一些过去投资的项目之后，盛大有了大量现金资产。据称，2012年的时候，盛大就坐拥近600亿现金资产。一向会赚钱也会用钱的陈天桥开始了新一轮"买买买"，盛大先后成为三大纽交所上市公司的最大单一股东，包括管理过万亿美元的资产管理公司美盛集团（Legg Mason）；全球最大P2P平台Lending Club；美国最大医院运营商之一的Community Health Systems……此外，盛大的全球资产管理板块还包括投资了120多家企业的盛大资本、盛大天地，以及盛大云等。

已经低调转型为投资人的陈天桥再次受到舆论关注，是在2016年年底，他和太太雒芊芊向美国加州理工学院（Caltech）捐赠1.15亿美元，成立"陈天桥雒芊芊脑科学研究院"，专攻大脑研究。这笔捐赠是陈天桥关于脑科学一期计划的一部分，他为该期计划准备了10亿美元，每年至少捐出1亿美元。

按照陈天桥的战略规划，他希望通过三大步，挖掘、培养真正有才华的年轻科学家。第一步是"借力"，通过捐赠世界名校，团结真正的世界级脑科学"大拿"，形成长期的战略合作和伙伴关系；第二步是"育力"，即通过捐赠年轻科学家来培育下一代研发的中坚力量；第三步是成立大学Tianqiao & Chrissy Chen University，这所大学将成为全世界唯——所以最终解决"我是谁"这个人类终极问题为使命的大学，他们将以大脑为轴线，垂直整合神学、哲学、神经科学、心理学、生物学等多个学科的研究性大学。

梳理盛大的发展脉络，可以得到以下路径：

产品期：通过网络游戏起家，赚得财富；

平台期：以建立"网络迪士尼乐园"为目标，通过盛大文学、游戏等板块，搭建了盛大集团的互联网生态圈；

孵化创新：在发展自主业务的同时，建立盛大创新院，孵化创新项目，同时通过收购和投资的手段，购买了一批有潜力的企业。

资本平台：通过上市融资，出售股份或公司等方式，盛大在资本市场获取了大量利益。未来，通过技术产业化的投资方式，陈天桥或许能创造新的传奇。

盛大走过的路，是一个企业在壮大过程中的必经之路，如今的阿里巴巴、腾讯、百度、海尔、格力等企业，无不是在朝着更高的资本层面前进。而在这之间，这些企业已经经历或者正在经历着一次次的转型。每一次转型，都是一次新生。